कैलाश कोरा

राजेन्द्रमान डङ्गोल

nepa~laya

प्रकाशक : पब्लिकेसन नेपा~लय,
कालिकास्थान, काठमाडौँ
फोन : ०१-४५३९७८६
इमेल : publication@nepalaya.com.np
www.publicationnepalaya.com

संस्करण : पहिलो, सन् २०२५
१

आवरण : INCS

ISBN : 978-9937-9842-5-6

Kailash Kora, a travelogue by Rajendra Man Dangol

आफ्नो मार्ग नछोड, किनभने यात्रा नै साधनाको प्रक्रिया हो ।
शिखरमा पुग्नेले मात्र साँचो शान्ति र ज्ञान प्राप्त गर्न सक्छ ।

– महायोगी मिलारेपा

कैलाश मानसरोवर यात्रीमा

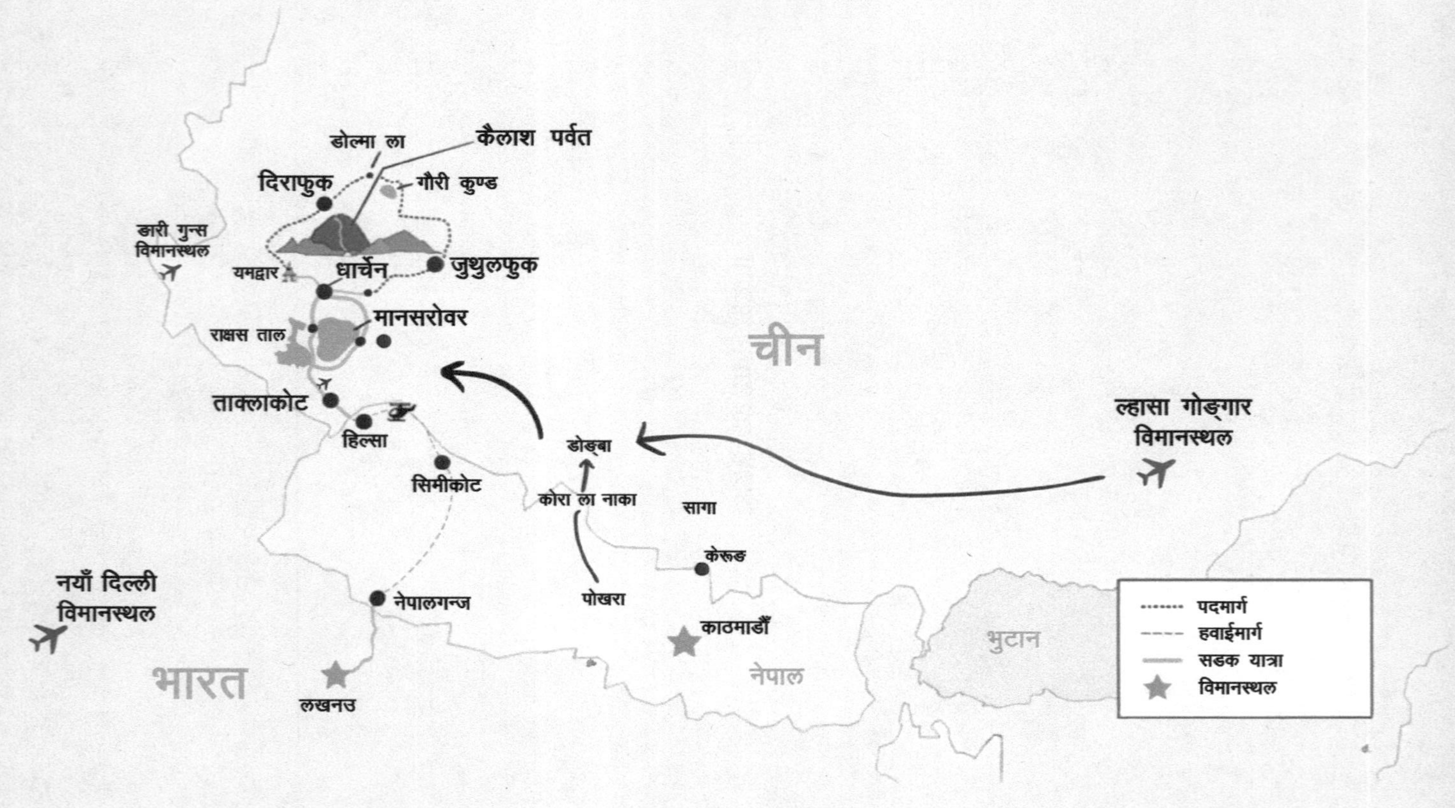
कैलाश पर्वत
डोल्मा ला
दिराफुक
गौरी कुण्ड
झारी गुन्स
विमानस्थल
यमद्वार
धार्चेन
जुथुलफुक
मानसरोवर
राक्षस ताल
चीन
ताक्लाकोट
हिल्सा
ल्हासा गोङ्गार
विमानस्थल
डोङ्बा
सिमीकोट
कोरा ला नाका
सागा
केरूङ
नयाँ दिल्ली
विमानस्थल
नेपालगन्ज
पोखरा
काठमाडौँ
भुटान
भारत
लखनउ
नेपाल
पदमार्ग
हवाईमार्ग
सडक यात्रा
विमानस्थल

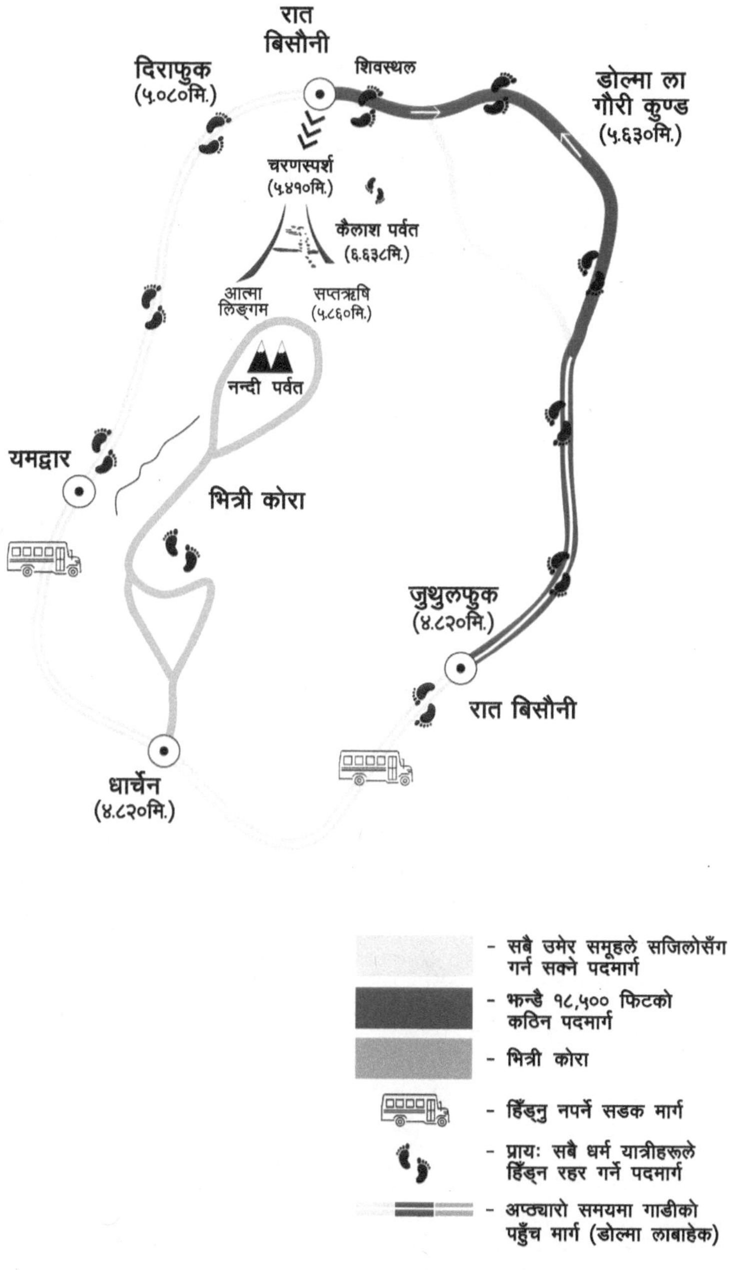

रात
बिसौनी
दिराफुक
(५.०८०मि.)
शिवस्थल
डोल्मा ला
गौरी कुण्ड
(५.६३०मि.)
चरणस्पर्श
(५.४१०मि.)
कैलाश पर्वत
(६.६३८मि.)
आत्मा
लिङ्गम
सप्तऋषि
(५.८६०मि.)
नन्दी पर्वत
यमद्वार
भित्री कोरा
जुथुलफुक
(४.८२०मि.)
रात बिसौनी
धार्चेन
(४.८२०मि.)
- सबै उमेर समूहले सजिलोसँग गर्न सक्ने पदमार्ग
- झन्डै १८,५०० फिटको कठिन पदमार्ग
- भित्री कोरा
- हिँड्नु नपर्ने सडक मार्ग
- प्रायः सबै धर्म यात्रीहरूले हिँड्न रहर गर्ने पदमार्ग
- अप्ठ्यारो समयमा गाडीको पहुँच मार्ग (डोल्मा लाबाहेक)

यात्राक्रम

	हृदयको गहिराइबाट	१
	आस्थाको शिखर यात्रा	३
१.	उन्मत्त भोटेकोशी : सीमापारको अनुभूति	७
२.	विश्व छानोको सौन्दर्य	२१
३.	उचाइसँगको मित्रता	३७
४.	मौन सरोवरमा आध्यात्मिक विम्ब	४८
५.	किंवदन्तीको गुफा, शान्तिको पहाड	६४
६.	धार्चेनको कथा	७८
७.	मोक्षको पदचिह्न	९१
८.	रहस्यहरूमा रुमलिँदा	१०७
९.	डोल्मा ला	१२१
१०.	हयग्रीव प्रतिविम्ब	१३५
११.	अन्तिम पदचाप	१४८

हृदयको गहिराइबाट

उच्चारण गर्दा मात्र पनि हृदय स्पन्दनले भरिने नाम हो- कैलाश पर्वत । यो फगत एउटा हिमाल मात्र होइन, अनेकौं रहस्यहरूको परत, आस्थाको अडान र अनगन्ती सभ्यता, संस्कृति एवम् कथाको स्रोत हो । उत्तरमा कुनलुन र दक्षिणमा ग्रेट हिमालय पर्वत शृङ्खलाको बीचमा अवस्थित यो दिव्य शैल सताब्दियौंदेखि हिन्दू, बौद्ध, जैन र बोन धर्मावलम्बीका लागि पूजनीय गन्तव्य हो ।

भनिन्छ- तिब्बतमा हावासँगै मन्त्रहरू बग्छन्। यहाँका पहाडका सतहमा कुँदिएका छन् समयका पदचिह्न। शाश्वत शान्तिको प्रतिमूर्तिझैं लाग्ने यो दिव्य भूमिमा आकाश आफैं निहुरिएर धर्ती छोएको अनुभव हुन्छ। यहाँका प्रत्येक स्थल ऐतिहासिक र सांस्कृतिक दृष्टिकोणले अत्यन्त समृद्ध तथा संवेदनशील छन् । ती सबले मार्मिक कथा बोकेका छन् । अतः पृथ्वीको यो सुन्दर भूगोलले जति उच्चासन ओगटेको छ, यसको संवेदनशीलता पनि त्यति नै उच्च छ। इतिहासका पानामा अनेक आरोहअवरोहका साक्षी भएको यस भूभागलाई अनेकौं कोणबाट नियाल्ने गरिन्छ ।

एक पर्यटन व्यवसायीका रूपमा मैले वर्षौंदेखि थुप्रै यात्राको आयोजना गर्दै आएको छु र बेलाबखत आफैंले पनि यात्रा गरेको छु। तर कैलाश यात्राको अनुभव भने सर्वथा अनुपम रह्यो मेरा निम्ति। यो यात्रा साहसिक र रोमाञ्चक थियो । तिब्बतको उचाइ, मानसरोवरको नीलोपन, डोल्मा लाको कठोरता र हिमाली हावासँगै बहने बेगन्ती भावनाहरूले यात्रालाई जीवनभरका लागि अविस्मरणीय बनाइदियो ।

कैलाश-मानसरोवर आस्थाको सङ्गम, साहसको परीक्षा र आत्मानुभूति हो। यात्राका हरेक पाइलामा एउटा अध्याय लेखिएझैं लाग्थ्यो। हिमालको सौन्दर्य, शान्त मानसरोवरको नीलोपन र हावाको झोक्कासँग खेल्दा शरीर थाके पनि मन हलुङ्गो हुन्थ्यो ।

यात्राको सुरुवात गन्तव्य चुम्नका लागि मात्र थिएन। कहिले सडकबाट, कहिले उकालो-ओरालो पदमार्ग हुँदै अगाडि बढ्दै गयो यात्रा । प्रत्येक घुम्ती र मोडमा नयाँ अनुभूति, नयाँ सोच र नयाँ ऊर्जा सँगाल्दै जाँदा लाग्थ्यो- जीवन पनि यस्तै उतारचढावको समष्टि हो ।

तिब्बतमा टेकिएका हरेक पाइलामा गरिएका अनुभूतिलाई जति नै बयान गरे पनि कमै हुन्छ। नीलो आकाशमुनिको निर्जन पठार, जताततै टाँगिएका रङ्गीन प्रार्थना झन्डा र लामाहरूको शान्त मुहारले मनमा शान्ति भरिन्छ।

दृश्यहरूको विविधता मात्र थिएन यात्रा, यो त भावनाको बहाव पनि थियो । सोचेको थिएँ- यात्राको अनुभूतिलाई शब्दहरूमा समेट्न सकुँला र ! मुस्कानको श्वेत खादा लिएर उभिएका तिब्बतीजन, हिमाली हावाले चुटिएका प्रत्येक पल र डोल्मा लामा हिउँसँगै पग्लेका अनुभूतिलाई मैले शब्दहरूको क्यानभासमा अनेकौं रङ पोत्ने प्रयास गरेको छु। तिनै यावत् सम्झनाका तरेलीहरूले यो नियात्रा बुनिएको छ ।

कैलाश यात्राले मलाई कठिन परीक्षाविना यात्राको सार गहिरो नहुने पाठ सिकाएको छ । त्यसैले 'कैलाश कोरा' आरोहण मेरो विचरणको लेखाजोखा मात्र नभई हृदयले अनुभूत गरेका सत्य, आँखाले देखेका रङ, कानले सुनेका ध्वनि र पाइलाले महसुस गरेको अभिलेख हो ।

यस पृष्ठभूमिमा मलाई कैलाश यात्रा गर्ने अपूर्व अवसर प्रदान गर्नुहुने *होली हिमालय*का ज्योति अधिकारीप्रति कृतकृत्य छु । पाण्डुलिपि अध्ययन गरी मूल्यवान् सुझाव र प्रेरणादायी मार्गदर्शन गर्नुहुने दाजु कवि आरएम डङ्गोल, समालोचक मित्र राम लोहनी, कवि माधव घिमिरे 'अटल', पर्यटन व्यवसायी विमल नहर्की र मित्र पवन शाक्यप्रति कृतज्ञता ज्ञापन गर्छु ।

यस कृतिलाई पाठकसामु ल्याउने पब्लिकेसन नेपा~लयप्रति आभारी छु।

आशा छ- यस कृतिमार्फत पाठकहरूले कैलाशको दिव्यता महसुस गर्न सक्नुहुनेछ । मानसरोवरको निर्मलता उहाँहरूको मनभरि छाउन सक्नेछ । र, हिमालको नीरव शान्तिले केही नवीन अनुभूति दिन सक्नेछ ।

- राजेन्द्रमान डङ्गोल
thirdpoletrekking1992@gmail.com

आस्थाको शिखर यात्रा

प्रत्येक पाइला एउटा सिङ्गो कथा, प्रत्येक उकालो अर्को रोमाञ्चक अध्याय। प्रत्येक श्वास एक चुनौती, प्रत्येक पल एक आत्मसङ्घर्ष। हिउँको प्रत्येक ढिक्का एक मौन साक्षी, बतासको प्रत्येक झोक्का एक दिव्य स्पर्श। प्रकृतिले आफ्नै भाषा बोल्दो रहेछ र श्रवण गर्दा रहेछन् यात्रुले, हृदयभरि अनुभूति र श्रद्धा बटुल्दै।

तिब्बत यात्राको इतिहास धेरै पुरानो छ। प्राचीन कालदेखि नै बौद्ध तीर्थयात्री, भिक्षु र विद्वान्हरू तिब्बतको यात्रामा निस्कन्थे। विशेष गरी ११ औं शताब्दीमा भारतीय बौद्ध आचार्य अतिश दीपङ्कर तिब्बत पुगेर बौद्ध धर्मको पुनर्जागरणमा ठूलो योगदान पुऱ्याएका थिए।

त्यसपछि १७ औं र १८ औं शताब्दीमा युरोपेली धर्मप्रचारक विशेष गरी जेसुइट र क्यापुचिन जस्ता पादरीहरूले तिब्बत यात्रा गरे। सन् १८११ मा थोमस म्यानिङ लगायतका अङ्ग्रेजहरू ल्हासा पुगे। पछि स्विडेनी अन्वेषक स्वेन हेदिन, अस्ट्रियाली पर्वतारोही हेनरिक हाररजस्ता साहसीहरूले तिब्बत प्रवेश गरेर त्यहाँको जनजीवन, संस्कृति र प्रकृतिको गहिरो अध्ययन गरे।

धार्मिक विश्वासअनुसार यो शिवजीको निवासस्थान हो। भनिन्छ- कैलाशमा महायोगी मिलारेपाबाहेक कोही पनि पुग्न सकेका छैनन्। ६,७१४ मिटरको उचाइमा रहेको यस पवित्र पर्वतको आकार मानव कल्पनाभन्दा परको अनुभूत हुन्छ।

अनुपम गन्तव्यको झल्को दिने कैलाश पर्वत क्षेत्र चार ठूला नदी ब्रह्मपुत्र, सतलज, सिन्धु र कर्णालीको उद्‌गमस्थल पनि हो। यी नदी अथाह जलप्रवाहका स्रोत मात्र नभई सभ्यता, संस्कार र आध्यात्मिक यात्रासँग पनि गाँसिएका छन्। यसर्थ कैलाशले सभ्यता, संस्कार र आस्थाका प्रवाहलाई पनि जन्म दिएको छ।

कैलाश पर्वतको काखमा रहेको मानसरोवर उच्च तथा पवित्र ताल मानिन्छ।

कैलाश प्रदक्षिणा मार्गको सबैभन्दा कठिन र उच्चतम स्थान हो- डोल्मा ला। ५,६३० मिटरको उचाइमा अवस्थित यो हिमाली दर्रा बौद्ध धर्मकी करुणामयी देवी तारा (डोल्मा) को नामबाट आएको हो।

भक्ति, सङ्घर्ष र आत्मशुद्धिको सेतो क्यानभास हो- पत्थरले बनेको डोल्मा लाको पदमार्ग। यहाँ साहसको रङले यात्रा कोरिन्छ र समर्पणको आस्थाले चित्र रङ्गाइन्छ। आकाश खुला तर श्वासप्रश्वास कठिन छ। हरेक उकालो पार गर्दागर्दै आफूलाई नयाँ रूपमा चिन्न सकिन्छ।

यात्राको नाम	:	कैलाश यात्रा-२०२४
यात्रा मिति	:	१८-२९ जुलाई २०२४
विदेशी सहभागी	:	श्रीकर नागा साइगणेश नवुदुरी, श्रेया नवुदुरी, रेणुका काण्डी, नरसिंहा रेड्डी येराम, राधिका चेतना जगदम, आत्मिक वैङ्कट कुरुचेति, रामा किरणमाये भट्टिप्रोलु, सिलास्या तुम्मालापल्ली, श्यामप्रसाद तुम्मालापल्ली, शामलाल कपिल, वीरेश कुमार गाका, कविता बिङ्गी, नागा बैङ्कटेश्वर श्रीनिवास, प्रसुना रमिदी, जयपाल रेड्डी रमिदी, चन्द्रशेखर यल्लेश्वरपु, माधवी वैङ्कट कुरुचेती, श्रीवात्सा राज कुमार वैङ्कटन्, कुरुचेति, राजा राजेश्वरी नारायणु, पद्मवती लक्ष्मी परकला, बैङ्कटेश्वर राव पोलाकोन्डा, मधुमति देवा, सम्पत कुमार देव, नन्दिता गडे, सिरिशा नवुदुरी, कृष्ण शास्त्री नवुदुरी, राजाराम सुनिता दुब्बका, राजाराम राजेन्द्रप्रसाद दुब्बका र रविशा ठाकुर
व्यवस्थापन	:	होली हिमालय
तिब्बती गाइड	:	पेम्पा ठिन्ले
नेपाली सहयोगी	:	सरोजप्रसाद नेपाल (गाइड), राजेश तिमल्सिना (सहायक), सुकुमान तामाङ, राजु भुजेल, सुम्रे तामाङ, शिशिर तामाङ, कार्की गोकर्ण, र साथमा नियात्राकार
यात्रा मार्ग	:	काठमाडौँ-केरुङ-सागा-मानसरोवर-धार्चेन-दिरापुक-जुथुलफुक-धार्चेन-सागा-केरुङ-काठमाडौँ
वैकल्पिक मार्ग	:	नेपालगन्ज र सिमीकोटसम्म जहाजमा । त्यसपछि हेलिकप्टरबाट हिल्सा हुँदै मानसरोवर । काठमाडौँबाट जहाजमा ल्हासा । त्यहाँबाट गाडी वा कैलाश नजिकको नारी गुन्सा एयरपोर्टसम्म अर्को उडानमार्फत मानसरोवर ।

उन्मत्त भोटेकोशी : सीमापारको अनुभूति

सपना देखेर नै यात्रा सुरु गरिन्छ र यात्रा गर्दा संसारका अज्ञात पाटाहरू उजागर हुन्छन् ।

१८ जुलाइ २०२४ ।

रसुवाको टिमुरेमा बिहानी छरिइसकेको हुन्छ म ब्युँझँदा । छ्याङ्ङ खुलेको आकाशले शरद् लागेजस्तै अनुभूति गराउँछ- मौसममा होइन, वातावरणमा । पत्याउनै सक्दिनँ म ।

*होली हिमालय*का किचन टोली शुकमान, राजु, सुम्रे, शिशिर र गोकर्णका साथमा म अघिल्लो साँझ टिमुरे आइपुगेथैँ । अघिल्लो दिन काठमाडौँबाट अबेर गरी हिँडेकाले रिमरिम भइसकेथ्यो टिमुरे आइपुग्दा । अन्तस्करणबाट महसुस गर्न पाएको थिइनँ मैले टिमुरेलाई ।

टिमुरे- लाङटाङ हिमालको अँगालोमा लुकी बसेको एक स्वर्गीय थलो । टिमुरे- भोटेकोशीका उर्लंदा लहरहरूमा प्रतिविम्बित हुने अमूल्य रत्न । टिमुरे- यात्रुहरूका थकित पाइला रोकिने बिसौनी र व्यापारीहरूका सपना सिञ्चित हुने एक जीवित जङ्कसन । सानो तर रणनीतिक रूपमा महत्त्वपूर्ण, हिमालको काखमा अडिएको, इतिहास र भविष्यको सेतु बनेको सानो बस्ती ।

उहिले उहिले तिब्बतसितको व्यापारले नेपालीहरूलाई हिमाली बाटामा हिँडाउँथ्यो । व्यपारीहरू काठमाडौँको सँक्व (साँखु) हुँदै जहरसिं पौवा निस्केर तातोपानीको लिपिङ पार गर्दै ल्हासा पुग्थे । कोही कोही कठोर

र कष्टप्रद मानिने दोलखाको लामबगर भएर जाने साहस गर्थे। त्यसैगरी, अर्को प्रख्यात व्यापारिक मार्ग थियो- त्रिशूली, रसुवागढी, केरुङ भई पिकी च्छो (ताल) हुँदै तिङ्ग्री, सिगात्से र ग्यात्से पार गरेर ल्हासा पुग्ने। समयले यात्राका बाटा मात्र बदलेन, यात्रा गर्ने तरिका र परम्परा पनि बदलिदियो।

जीवन्त धून सिर्जना गर्दै टिमुरेको धड्कन बनेर बगिरहेछ, तिब्बती पठारबाट फाल हालेको उन्मत्त भोटेकोशी। अघिल्लो रात भोटेकोशीकै नादमा बाँधिएर निदाएथैँ र आज बिहान उही धूनको स्पर्शमा आँखा खुल्यो। नदी मात्र होइन, नेपाली र तिब्बती मनहरू जोड्ने एक अदृश्य सेतु हो- भोटेकोशी। भोटेकोशी- इतिहासका मौन पानाहरूमा अक्षर बनेर बगिरहने साक्षी, सदियौँदेखिका व्यापारिक पदचिह्न बोकेर बगेको समयको प्रवाह पनि हो।

बिहानी मन्द हावामा 'ॐ मणि पद्मे हूँ' को लयबद्ध आवाजमा नृत्य प्रस्तुत गरिरहेका छन्, बौद्ध ध्वजाहरू। शान्ति र सद्भावको सन्देशसँगै टिमुरेको प्राकृतिक सौन्दर्यमा आध्यात्मिक आयाम थपेका छन्, प्रत्येक घरमा टाँगिएका सजधजले। यसैलाई भनिन्छ, लुङ्दर सौन्दर्य अर्थात् बौद्ध संस्कृतिको प्रतीक।

टिमुरेको 'टिबेट रिट्रिट इन' होटलमा कफी सुर्क्याउँदै गर्दा सरोज नेपालसँग मोबाइल सम्पर्क गर्छन् शुकमान। *होली हिमालय*मा कार्यरत 'टुर लिडर' हुन् सरोज। कैलाश जाने नन रेजिडेन्ट इन्डियन (एनआरआई) टोलीको नेतृत्व उनैले गरिरहेका छन्। राति २ बजे काठमाडौँबाट हिँडेका उनीहरू १० बजेसम्म टिमुरे आइपुग्ने जानकारी गराउँछन् उनी।

"मर्निङ वाक गर्दै जाऔँ सर रसुवागढीतिर !" शुकमानको आग्रह।

भर्खर बिहानको ८ बजेको छ। समय बिताउने बाहेक विकल्प छैन हामीसँग।

हामी लाग्छौँ गढीतर्फ।

कच्ची सडक, त्यो पनि साँघुरो। अत्यधिक सवारीको चाप। मान्छेको आवतजावत उत्तिकै। सडकका दायाँबायाँ पार्किङ गरिएका छन्, बडेमानका कन्टेनरहरू। राति बर्सेको पानीले सडकमा हिलोको लेवल बढाएको रहेछ- मानौँ, रोपाइँ गर्न बाउसे गरेको खेतको गराजस्तै। कालोपत्र गर्न नमिल्ने भए पनि कम्तीमा रोडा बिछ्याउन कुन कानुनले रोक्यो होला यहाँको स्थानीय सरकारलाई ? आफैँलाई सोध्छु म।

ठाउँ ठाउँमा छन् चेकपोस्ट- कतै सेनाको, कतै सशस्त्र प्रहरीको त कतै जनपथको। वेत्रावती पुल तर्नेबित्तिकै ठाउँ ठाउँमा सुरक्षा जाँच हुन्छ। नियन्त्रण कडा भए पनि कहिलेकाहीँ तस्करीका समाचारहरू सुन्दा चाहिँ अचम्म लाग्छ मलाई।

सीमा क्षेत्रमा यात्रा गर्दा गाडीलाई कडाइपूर्वक जाँच गरिन्छ। तर अचम्मको कुरा, तस्करहरूले आफ्ना तरिकाले काम सम्पन्न गरिरहेका हुन्छन्। अध्यागमन अधिकृतहरूका सतर्क नजरबीच कसरी अवैध सामान सजिलै सीमा पार गर्छन् ? सीमा नाका र विमानस्थलमा भएका कडाइका बाबजुद यस्ता घटना भइरहनु हाम्रो सुरक्षा प्रणालीको वास्तविक क्षमतामाथि सोच्न बाध्य पार्ने विषय हो। हामीजस्ता यात्रु कानुनी प्रक्रियामा बाँधिइरहँदा केही व्यक्तिका लागि उही कानुन नै फितलो देखिनु विडम्बनाबाहेक केही होइन।

करिब १२ मिनेट जति लाग्छ हामीलाई गढी पुग्न। शुकमानले भनेजस्तो 'मर्निङ वाक' त होइन तर 'हिले वाक' गरेजस्तो महसुस हुन्छ मलाई।

उत्तरबाट बग्ने लिन्देखोला र पश्चिमबाट बग्ने भोटेकोशीको दोभानमा अवस्थित साँघुरो घाँटीको नाम हो- रसुवागढी। वारि नेपाल, पारि तिब्बत। वारि फर्फराइरहेछ हाम्रै झन्डा, पारिपट्टि चीनको।

नेपालको सिमाना छुने गरी लिन्देखोलामा मितेरी पुल बनाएको छ चीनले। पुलले सङ्केत गर्छ- पारस्परिक हित र समृद्धिको साझा प्रतिबद्धता। ऊ बेला युद्धका लागि काठको साँघु हालिन्थ्यो, अहिले आर्थिक

वृद्धिका लागि फलामे पुल । यो शान्त र सुन्दर रसुवागढी भौगोलिक चमत्कार मात्र होइन; यस क्षेत्रलाई आकार दिने ऐतिहासिक र सांस्कृतिक कथाको ज्वलन्त प्रमाण पनि हो ।

लिन्देखोला पारि ठडिएको छ भव्य र आधुनिक भवन, जसको गर्भमा भन्सारका गतिविधि चलायमान छन् । हाम्रोपट्टि भने अधुरा सपनाजस्तै लाग्ने अपूर्ण संरचनाहरू छन् । सन् २०१५ को महाभूकम्पछि चीनले कठोरतापूर्वक तातोपानी नाकाको द्वार बन्द गरिदियो । पछि नेपाल र चीनबीच वैकल्पिक मार्गका रूपमा रसुवागढी चेकपोस्ट खोल्ने सहमति भयो । त्यहीताक भारतले गरेको नाकाबन्दीले यस नाकालाई इतिहासकै एउटा मोडको रूपमा अझै सजीव बनाइदियो। अहिले यो नाका भू-राजनीति र आपूर्तिको सेतु बन्न पुगेको छ ।

“वारि र पारि एकैचोटि जग हालेको रे ! उताको भवन पुरानो भएर नयाँ बनाउने बेला भइसक्यो। हाम्रो त अझै अधुरै छ !” भन्छन् शुकमान ।

उनको आवाजमा तिखो व्यङ्ग्य मिसिएको छ । शब्दमा यथार्थको कटुता छ ।

निर्माणाधीन भवनले हामीलाई गिज्याइरहेको भान हुन्छ, मानौँ यसले हाम्रो अक्षमता र सुस्ततामाथि उपहास गर्दैछ। यस्तो दृश्यले देशको योजना, प्राथमिकता र व्यवस्थापनप्रति गहिरो प्रश्न उठाउँछ । साँच्चै, विकासको गति किन यति असमान छ ?

अचम्म चाहिँ के भने- बेलाबखत हाम्रा नेताहरू यहाँ आइरहेका हुन्छन् । यही पुलमा उभिई पारिपट्टिको भव्य भवनलाई पृष्ठभूमि बनाएर तामझामका साथ हाँस्दै तस्बिर खिचाउँछन्, यद्यपि ती दृश्यले उनीहरूलाई लज्जाबोध हुँदैन । सायद लज्जा पनि यही अधुरो संरचनाझैँ अधुरै पो रहेको छ कि !

वीरता र द्वन्द्वका कथाले भरिएका छन्, रसुवागढीका पर्खाल । यहाँ उभिँदै गर्दा नेपाल र तिब्बत तथा नेपाल र चीनबीचको ऐतिहासिक द्वन्द्वको इतिहास स्मरण हुन्छ । किल्लामा जडित पत्थरहरूले अझै पनि नेपाली

वीरता र प्रतिरोधका कथा सम्झाउँछन् । त्यस समयको तीतो सम्झना गराउने उही किल्ला अहिले दिगो मित्रता र सहकार्यको प्रतीकका रूपमा उभिएको छ ।

पुल छेउमै भेटिन्छन्- रेशम तामाङ । कैलाश यात्रा व्यवस्थापन गर्ने एजेन्सीहरूका लागि अपरिहार्य व्यक्ति हुन् उनी । पहिले तातोपानी नाकामा काम गर्ने उनी रसुवागढी नाका खुलेपछि टिमुरे आएका रहेछन् ।

यात्राका सिलसिलामा चाहिने बन्दोबस्तीका सरसामान तथा विदेशीका 'डफल ब्याग' लाई टिमुरेबाट अध्यागमन पार गराउने जिम्मा उनैले लिन्छन् । काठमाडौंका टुर कम्पनीमार्फत आएका गेस्ट र स्टाफलाई यहाँ बास बस्ने होटल र खानाको व्यवस्था मिलाउने काम पनि उनैको ।

बसमा ल्याएका सामानहरू रेशमलाई अघिल्लो साँझ जिम्मा लगाइसकेका थिए शुकमानले । यसै पनि ठाउँ साँघुरो भएपछि थोरै मान्छे पनि धेरै भएजस्तो लाग्छ, त्यसमाथि यात्रुको चाप नै अचाक्ली । गाडीको लाइन, यात्रुका लाइन, सुरक्षाकर्मी र विभिन्न कम्पनीका गाइडले भरिएको छ रसुवागढी । जेठदेखि भदौसम्म यस्तै चहलपहल हुन्छ यहाँ ।

"आज छुट्नेहरू कम्तीमा पनि ७०० जना जति होलान् । ४०० जना पछि तपाईंहरूको पालो आउँछ" अवगत गराउँछन् रेशम ।

सडकको छेउमा राखिएका छन्, कैलाश जाने यात्रुका सामान । हाम्रा झोला र भान्साका सामानहरू पनि त्यहीं एक छेउमा थन्क्याइएका छन् । धन्न पानी परेको छैन र, नत्र के पो हुन्थ्यो होला ब्यागहरूको हालत !

रेशमसँग मेरो भलाकुसारी जम्छ ।

"भाषाका कारण चिनियाँसँग काम गर्न साँच्चै चुनौतीपूर्ण हुन्छ । उनीहरू अङ्ग्रेजी बोल्दैनन् । कहिल्यै प्रत्यक्ष संवाद नगरेका जो कोहीलाई पनि उनीहरूको वचन रुखो लाग्न सक्छ," संवादको सिलसिलामा आफ्नो अनुभव सुनाउँन् उनी ।

करिब २ घण्टा १५ मिनेटको फरक छ चीन र नेपालको समय। पारिपट्टिको भन्सार खुल्दा वारिपट्टि सुरसार नै हुँदो रहेनछ।

भन्सार नै त के भन्नु ! एउटा कुचुक्क परेको छाप्रोमा जाँच गरिँदोरहेछ। पासपोर्टमा 'डिपार्चर स्ट्याम्प' हान्ने चाहिँ टिमुरेमै छ।

यतै भीड, उतै भीड।

मेरो छेउमा उभिएका दुई यात्रु पारिपट्टिको सुन्दर भवनतिर औंला तेर्स्याउँदै गम्भीर संवाद गरिरहेका छन्।

"हेर, उतापट्टि त्यस्तो ! हाम्रोमा चाहिँ भवन कहिले बनिसक्ला है ?"

"बन्दै रहेछ। बाँचिरहे देखिएला नि !"

"यही पाराले त नातिको पालामा 'नि काम पूरा हुँदैन।"

"कुनै काम समयमा भएको छ र नेपालमा !"

केही बेरदेखि म चुपचाप उनीहरूको कुरा सुनिरहेको छु। शब्दमात्र होइन; तिनका आवाजमा मिसिएको गहिरो निराशासमेत महसुस गरिरहेको छु। उनीहरूका अनुहारमा झल्किएको विषादले मलाई पनि पीडा बोध गराउँछ।

म उनीहरूलाई केही आश्वासन दिन चाहन्छु, तर शब्दहरू घाँटीमै अड्किन्छन्।

मन थाम्दै बल गरेर निकाल्छु म एउटा वाक्य-

"आशा गर्नुको विकल्प पनि त छैन नि हजुर !"

मेरो उत्तरले राहत दिन्छ कि दिन्न, थाहा छैन। उनीहरू केवल नि:शब्द रहन्छन्। सायद आशा गर्नुपर्ने अवस्थाले नै सबैभन्दा ठूलो चोट दिएको छ।

टोली टिमुरे नजिक आइपुगेको खबरले हामी तुरुन्तै फर्कन्छौं।

संयोग पनि कस्तो !

उनीहरू र हामी एकै समयमा होटल पुग्छौँ। विलम्ब नगरी आवश्यक कागजी प्रक्रिया सुरु गर्न सबैजना 'डिपार्चर स्ट्याम्प'को लाइनमा उभिन्छौँ, यात्राको अर्को अध्यायको प्रतीक्षामा।

उभिँदा उभिँदै डेढ घण्टा चिप्लन्छ। हामी लाम बस्दा जम्मा पाँच जनामात्र थिए। काम छिटै सकिन्छ भन्ने आशामा थियौँ, तर वास्तविकता फरक हुन्छ। तीमध्ये २ जना एजेन्ट रहेछन्। दुवैले १०/१० जना विदेशीका पासपोर्ट ल्याएका रहेछन्। २० जना गोरा हाम्रो अगाडि घुस्छन्। पाखुरा बलिया भएका अरू २ जनाले पनि आफ्ना गोराहरूलाई लाइनभित्र घुसाउँछन्। असहज परिस्थिति नियाल्दै हामीलाई धैर्य गर्नुको विकल्प भएन।

सुरक्षाजाँचका लागि फेरि रसुवागढीमा अर्को लाइन बस्न त बाँकी नै छ।

खाना खाएपछि फेरि सुरु हुन्छ हाम्रो 'लेफ्ट राइट'।

वारिपट्टि 'लन्च आवर' रहेछ।

पर्खनै पऱ्यो !

बादलको बाक्लो पाखी ओढिरहेको छ आकाशले। र, त रसुवागढी रन्कन पाएको छैन। नत्र सडकमा उभिन यति सहज के हुन्थ्यो र !

यात्रुको भीडले पाइला टेक्नै मुस्किल छ। फेरि कैलाशबाट फर्किनेहरूको ओइरो उस्तै। आउने र जाने सबैको पालैपालो सुरक्षा जाँच हुँदा समय त लाग्ने नै भयो। धैर्यपूर्वक पर्खिरहेका छन् यात्रुहरू। म पनि उनीहरूसँगै उही आशा र उत्साह साझेदारी गर्दै आफ्नो स्थान खोजिरहेको छु। रसुवागढीको वातावरणमा भोटेकोशी र लिन्देखोलाको नाद घन्किरहेको छ। नदीबाट बहने शीतल हावाले रसुवाको माटोको सुगन्ध बोकेको छ। म प्रकृतिसँग गहिरो सम्बन्ध महसुस गर्छु। मभित्रको साहसी भावना नदीको स्वर र पहाडको प्रतिध्वनिसँग अन्तरघुलित छ। मेरा इन्द्रियहरू रसुवागढीको प्रत्येक छटासँग एकाकार भइरहेका छन्।

नेपालपट्टिको सुरक्षा जाँच सकेर हाम्रो समूह अगाडि बढ्दा दिउँसोको १:३० बजिसक्छ। जता हेऱ्यो त्यतै मान्छे, जता गयो त्यतै लाम। अनन्त देखिन्छ ताँती। म आफैँले आफैँलाई पर्खिरहेको पाउँछु।

फेरि लाम बस्छौँ पुलमा।

मिनेट घण्टामा परिणत हुन्छ। दिउँसोको २:३० बजेसम्म पनि पुलमै उभिइरहेका छौँ। म थकित र बेचैन भइसकेको छु। उभिँदा उभिँदै थाकेकाहरू पेटीमा थुचुक्क बस्न थालेका छन्। अघि उत्साहित भएर तस्बिर खिच्नेहरू अहिले ओइलिएको सागजस्तै देखिन्छन्।

तस्बिर कति लिनु र! उही भोटेकोशी, उही लिन्देखोला, पारिपट्टिका उही भवन। बिहान उज्यालो देखिएको पारिपट्टिका भवनहरू पनि अब त धमिलो देखिन थालेका छन्।

पुलमै भेटिन्छन् तिब्बती गाइड- पेम्पा ठिन्ले। उनी हामीलाई लिन आएका। हाम्रो सम्पूर्ण यात्राको नेतृत्व उनैले गर्नेछन्। अङ्ग्रेजी र हिन्दी दुवै भाषामा उनको राम्रो दखल रहेछ। हामीलाई अध्यागमनतर्फ डोऱ्याउँछन् उनी।

कैलाश यात्रा नेपाली र तिब्बती टुर अपरेटरहरूको निर्बाध सहकार्य हो, जसले सीमापार तीर्थयात्राको पवित्र महत्त्व झल्काउँछ। नेपाली 'टुर अपरेटर' हरूले काठमाडौँदेखि तिब्बत सीमासम्मको यात्रा अनुमति-पत्र, यातायात, उच्च भूगोलको पदयात्रा तयारी र रसद व्यवस्थापनको जिम्मेवारी लिन्छन्। तिब्बत प्रवेश गरेपछि तिब्बती गाइडले जिम्मा लिन्छन् र तीर्थयात्रीहरूलाई कैलाश पर्वतको प्रदक्षिणा (कोरा) गराउँछन्। दुवै पक्षको संयुक्त प्रयासले मात्र स्मरणीय बन्छ, यात्रीहरूको यात्रा।

दिउँसोको ३ बजेतिर चिनियाँ अध्यागमनको सामना गर्न पाउँछौँ। भित्ता भित्तामा सीसी क्यामरा जडान गरिएका छन्। टक्टकाउँदा लाग्छन्, चिनियाँ कर्मचारीहरू। उनीहरू आफ्नै भाषा मात्र बोल्छन्। मेरो कानमा ठोक्किन्छ उनीहरूको तिखो स्वर र द्रुत आवाज। अध्यागमनको लाममा उभिँदै गर्दा आफूलाई आवाजको कोलाहलले घेरेको पाउँछु। जिवन्त लाग्छ मेरो

नजिकैका चिनियाँ यात्रुका आवाज तर चाखलाग्दो। उनीहरूका शब्दको तरल प्रवाहले एकखालको ध्वनिदृश्य सिर्जना गरेको भान हुन्छ। भाषाको साङ्गीतिक गुणस्तर भनेको यही होला सायद।

२४ वर्षअघि चिनियाँ भाषा सिकेको थिएँ। यो अन्तरालमा पटकपटक अभ्यास टुट्न पुगेथ्यो। कुनै समय मैले चिनेका चिनियाँ भाषाका स्वर र व्यञ्जन समयसँगै बिस्तारै बिर्सिंदै गए। तर बोल्ने अवसर पाइएमा तिनीहरूलाई फेरि सम्झन सकिन्छ।

'समूहगत भिसा' को सूचीअनुसार पालैपालो लाइन लाग्नुपर्दोरहेछ। हामी पनि त्यसै गर्छौं। सूचीमा सबैभन्दा पछाडि मेरो नाम छ।

कामको चापमा देखिन्छन्, काउन्टरका कर्मचारी। न 'हाइहेलो' हुन्छ, न त कुनै औपचारिक सम्बोधन। दिनहुँ हजारौँलाई सम्बोधन गरिरहन पनि के साध्य! अफिसरले केवल क्यामराअघि उभिने सङ्केत दिन्छन्।

अबको पालो मेरो।

के कारण हो कुन्नि, मेरो राहदानी जाँच गर्न धेरै बेर लगाउँछन्। बारम्बार उल्टाइपल्टाइ गरेर हेरिरहन्छन् मात्र।

अचम्ममा पर्छु म।

"योर पासपोर्ट इज टु बि रिचेक्ट। वेट!" मलाई जानकारी गराउँछन् पेम्पा।

एकछिनपछि मलाई अफिसरले इसाराले डाक्छन् र अर्को कोठाभित्र लग्छन्।

एकछिन् त अचम्मित हुन्छु म। पोहोर साल भुटान आउजाउ गर्दा लगाइएको 'डिपार्चर र अराइवल स्ट्याम्प' र गत अप्रिलमा लागेको अमेरिकी भिसामात्र छ, मेरो पासपोर्टमा। लाग्छ- यही कारणले चिनियाँ अधिकृत सशङ्कित हुन त नपर्ने हो।

सन् २०१० मा म दोस्रो पटक अमेरिकाको क्यालिफोर्नियामा भएको 'टुर एक्स्पो' मा भाग लिन जाँदा वासिङ्टन एअरपोर्टमा ओर्लेको थिएँ।

त्यहाँ पनि मलाई यस्तै भएको थियो। अध्यागमन अधिकृतले मलाई छुट्टै कोठामा लगे, मानौं कुनै विशेष जाँचको आवश्यकता थियो।

उनले मलाई घोरिएर हेर्दै सोधे, “ह्वाई आर यु हियर फर ?”

मैले आफ्नो उद्देश्य स्पष्टसँग बताएँ। सायद उनलाई लाग्यो कि म उतै बस्ने योजना बनाएर आएको छु। उनले थप प्रश्न गर्न थालेपछि मलाई पारो तात्यो। स्वाभिमानी नेपाली न परें !

त्यसपछि मैले उनलाई सीधा भनिदिएँ, “इफ आई वान्टेड टु स्टे इन योर कन्ट्री, आई उड ह्याभ अल्रेडी बिन हियर। प्लिज, चेक माइ पासपोर्ट !”

मेरो उत्तर सुनेर उनी केही बेर सोचमग्न भए।

अन्ततः उनले “सरी, द स्टोरी वाज डिफरेन्ट !” भन्दै मलाई तीन महिनाको भिसा दिए।

के स्टोरी थियो, मैले सोधिनँ।

अचम्मको थियो यो क्षण।

यहाँ प्रश्न सोध्ने काम चाहिँ हुँदैन।

निकै बेर कम्प्युटरमा हेरेपछि अफिसर ‘बाहिर जाऔं’ भन्ने सङ्केत गर्छन् र, अन्तमा रुखो स्वरमा भन्छन्- “ओके, गो !”

उहिले उहिले भौगोलिक सीमा मनका सीमाभन्दा फराकिला हुन्थे। कागजी बाधा, अड्चन र कूटनीतिक अवरोध खासै थिएनन्। राजनीतिक सीमाहरू तन्किएसँगै विश्वासका यात्रा भन् भन् जटिल बन्दै गएका छन्।

अध्यागमनको औपचारिकता पूरा भएपछि हामी केरुङतर्फको यात्रामा अगाडि बढ्न स्वतन्त्र हुन्छौं। बाहिर निस्कँदा अप्रत्याशित रूपमा फराकिलो र चिल्लो कालोपत्रे सतह मेरो अगाडि फैलिएको देख्छु। यात्रु लिन आएका बस, कार, भ्यान र ट्रकहरू लाइनमा राखिएका छन्। यो परिवेशले मभित्र भावनाको लहर पस्छन्। यस्तो लाग्छ कि मैले भर्खरै कुनै दुर्गम सिमाना पार गरेको होइन, बरु कुनै एयरपोर्ट टर्मिनलबाट बाहिर निस्केको छु।

तिब्बतको भूमिमा टेक्न पाएको अवर्णनीय क्षण र आश्चर्यजनक दृश्यको अनुभूति गर्छु ।

हाम्रा लागि तयार छन्- दुईवटा ठूला बस, आपत्कालीन अवस्थाका लागि एउटा कार र किचनका सामान बोक्ने ट्रक ।

“तासी देलेक ! बो ला फेब्पा गापो छेड् गो !”

अर्थात् “नमस्कार ! तिब्बतमा स्वागत छ !”

बस चढ्नुअघि तिब्बती गाइड पेम्पा ठिन्लेले हामीलाई न्यानो अभिवादनका साथ सेतो खादा लगाइदिन्छन् ।

खादा- तिब्बती परम्परागत अभ्यास । खादा- सम्मान, सद्भावना र आशीर्वादको प्रतीक । मङ्गोलिया तथा मध्यएसियाका केही भागमा समेत प्रयोग हुन्छ- खादा । खादाको सेतो रङलाई सबैभन्दा सामान्य मानिन्छ । शुद्धता, सद्भावना, शुभ र करुणाको प्रतीक हो- सेतो रङ । अतिथिहरूको स्वागतार्थ प्रायः यही रङको खादा अर्पण गरिन्छ ।

पेम्पाको बोलाइमा स्वागत र सम्मानभावको मिठास घोलिएको छ । उनका न्याना शब्द कुनै मन्दिरको घण्टनादजस्तै गरी स्पन्दित हुन्छन् । मलाई यस्तो अनुभूति हुन्छ, मानौँ म दुई भिन्न संसारको सीमारेखामा उभिएको छु- एउटा रहस्यले भरिएको अतीत र अर्को नयाँ अनुभवहरूको अनन्त आकाश ।

नेपाली समयानुसार ४ बज्दा हामीले ज्यानलाई तिब्बती चालकको हत्केलामा सुम्पन्छौँ । तिब्बतमा साँझ ६:१५ बजेको भए पनि समयको अन्तर छ जस्तो लाग्दैन ।

पेम्पा बसमा भएको माइक समात्दै बोल्छन्- “फेरि एकपटक तिब्बतमा स्वागत छ ! अब हामी केरुङतर्फ जाँदैछौँ । यो यहाँबाट करिब तीस किलोमिटर टाढा छ । बाटोमा तीनवटा चेक प्वाइन्ट छन् । पहिलो चेक प्वाइन्टमा तपाईंले बसबाट ओर्लेर आफ्नो पासपोर्ट देखाउनु पर्नेछ । बाँकी दुई चेक प्वाइन्टमा तपाईं बसमै बस्न सक्नुहुन्छ, कुनै समस्या हुँदैन ।”

उनको कुरा सुन्दा लाग्छ- यहाँको सुरक्षा जाँच नेपालको भन्दा चर्को छ ।

पहिलो चेक प्वाइन्टमा उनले भनेजस्तै गरी हात हातमा पासपोर्ट बोकेर लाम लाग्छौं हामी ।

त्यसपछि फेरि सुरु हुन्छ यात्रा ।

फराकिलो छ- कालोपत्रे राजमार्ग । सललल गुड्छ बस । बसको रफ्तारसँगै प्राकृतिक दृश्यको आकर्षण बनेर नजरमा ठोक्किन आउँछ भोटेकोशी ।

हामी भोटेकोशी भन्छौं । तिब्बतीहरू 'गाङ्चेन चाङ्पो' भन्छन् ।

विशिष्ट खैरो रङमा अद्वितीय र आकर्षक सौन्दर्य प्रस्तुत गरेको छ, गाङ्चेन चाङ्पोले । सूर्यको प्रकाश र छायाको मन्त्रमुग्ध खेल सिर्जना गर्दै चम्किरहेछ पानीको सतह । खैरो रङको गाङ्चेन चाङ्पोले तिब्बतको माटोको रङ र आफ्नै गतिशील प्रकृतिलाई प्रतिविम्बित गरेको छ । यसले भूगोलको परिदृश्यलाई आकार दिँदै स्थानीय पारिस्थितिक प्रणालीमा भूमिकामा निर्वाह गरेको छ ।

सडकको प्रत्येक मोडले नयाँ दृश्य देखाइरहेछ ।

जङ्लबीचको घुमाउरो सडकले प्रकृतिको एउटा अनुपम कृति लोकार्पण गर्छ; त्यो हो- कठोर चट्टानहरूबाट खस्दै गरेको एउटा सुन्दर झरना ।

एकछिनका लागि रोकिन्छ बस ।

झरनाको शक्तिशाली गर्जन कानबाट छिर्छ र त्यसले मेरो हृदयको गहिराइलाई छुन्छ, मानौं यसले मेरै जीवनको कथा वाचन गरिरहेछ ।

झरनाको आवाज र हावाको सुसाइ आपसमा मिल्दा सिर्जना भइरहेछ नवीन सङ्गीत । पानीका कणहरू घामको किरणसँग नाच्दा बनेको इन्द्रेणीले मेरो बालवयको अबोध खुसी सम्झाउँछ । तिनै कणहरूको स्पर्शले शरीर नै ताजा भएको महसुस गर्छु । झरना प्रकृतिको अमिट कला र जीवनको अनन्त प्रवाहको प्रतीकजस्तै लाग्छ मलाई ।

राजमार्गमा ढुङ्गा खस्न नदिन भिरहरूमा जाली जडान गरिएको छ। एकातिर यात्रुका लागि मार्ग सुरक्षित बन्न पुगेको छ र अर्कोतिर भूक्षय रोकिएको छ। अर्कोतिर प्राकृतिक सौन्दर्यको संरक्षण भइरहेको छ। कति विचित्र सुरक्षा उपायहरू छन् चिनियाहरूको !

विस्मयकारी प्रदर्शनमा प्रकृतिको भव्यता प्रकट भइरहेछ। रुखका हाँगा र पातहरू हावामा सेलो नाच नाचिरहेझैं लाग्छन्। यसले यात्रामा सुखदायक 'साउन्डट्र्याक' थपेको महसुस हुन्छ।

पहाडका काखमा लुकी बसेका ससाना गाउँ बस्तीहरू लुकेका रत्नजस्तै लाग्छन्। परम्परागत वास्तुकला र शैलीका घरहरूले ग्रामीण जीवनशैलीको झलक दिन्छन्। हरिया रङले चम्किएका पहाड र शान्त ग्रामीण परिवेशले विशेष आनन्दको अनुभूति गराउँछ। पहाडी जीवनको यो लयबाट आफ्नो जीवनको सरलता र सामञ्जस्यको पाठ सिक्दै छु म।

पहाडका तह तहका मोहक चित्रपटबाट सडक फनफनी घुम्छ र प्रत्येक घुम्तीमा नयाँ नयाँ दृश्य प्रकट हुन्छन्। मेरो नजरमा स्वप्निल तस्बिरजस्ता देखिन्छन्, पाटनभरि फुलिरहेका फूल र गाईवस्तु चरिरहेका हरिया चरण क्षेत्र। अझ भनौं- निःशब्द कविताजस्तै।

कतै गुम्बा देख्दा मन्त्रजपको ध्वनिले कानको पर्दा हल्लाएको आभास हुन्छ। गुम्बामा सुनिने आवाजको झल्को त आइहाल्ने। श्रुतिभ्रम नै किन नहोस्, यसले शान्ति र आशीर्वादको स्पर्श दिएको अनुभूति हुन्छ।

केरुङमा पाइला टेक्दा मनमा एउटा अद्वितीय उत्साह जाग्छ, मानौं म कुनै रहस्यमय संसारको दैलोमा आइपुगेको छु। नजरसामु फैलिएको अद्वितीय दृश्यले हृदय थाम्न कठिन हुन्छ। आकाशमा टाँसिएझैं देखिने हिमशृङ्खला र केरुङलाई काखमा राखेर सुरक्षा दिएझैं गरी अडिएका विशाल पहाडले मेरो मनलाई विस्मय र आनन्दको गहिराइमा डुबाउँछन्। कहिलेकाहीं सुनिएको र पढिएको केरुङ अब यथार्थको दृश्यमा बदलिएको छ।

चिल्ला सडक, तिब्बती शैलीका भवन। ने गाउँ, डा गाउँ। गुम्बाको पवित्र र रङ्गीन प्रार्थनापताका। यो केरुङ हो, जहाँबाट तिब्बतको अनन्त कथा सुरु हुन्छ।

केरुङमा बेलुकीको ७ बज्दा पनि झलमल्ल घाम लागिरहेको देख्दा समय लम्बिएको हो कि जस्तो भान हुन्छ। यति बेला मलाई यात्रा गरिरहेको अनुभूति नै हुँदैन। म त यो उज्यालो साँझमा आफ्नै भित्री अस्तित्वको खोजीमा छु। एकछिन आँखा चिम्लेर हिमालको ढुकढुकीलाई आत्मसात् गर्छु। लाग्छ- म यात्रुमात्र नभएर प्रकृतिसँग एकाकार हुँदै गरेको एउटा पात्र हुँ।

विश्व छानोको सौन्दर्य

बालसूर्यको बिहानी किरणले हिमाली चुचुराहरू सुनौला रङमा रङ्गिएपछि शनैःशनैः सक्रिय बन्छ केरुङ ।

हामी केरुङ भन्छौं । उनीहरू भन्छन्- किरोङ ।

अघिल्लो दिन केरुङ उत्रनेबित्तिकै तिब्बती गाइड पेम्पासँग यसको अर्थ सोधेथेँ ।

"ह्याप्पी भ्याली" भनेका थिए उनले ।

स्थानीय भाषामा 'कि' को अर्थ 'खुसी' र 'रोङ' को अर्थ 'उपत्यका' अथवा 'गाउँ' हुँदोरहेछ ।

स्थानीय पैदलयात्री ज्यास्ती देखिन्नन् सडकपेटीमा। तर नामको अर्थजस्तै 'खुसी' प्रतीत हुन्छन्, देखिएका जति ।

'ह्याप्पी भ्याली' भनिनुको कारण शान्त र रमणीय ठाउँको छविलाई विम्बित गर्ने भएकाले होला भन्ठान्छु म। यहाँका मान्छेहरू पनि प्राकृतिक सौन्दर्यका बीच सन्तुष्ट भएर बाँचेझैँ लाग्छन्। यहाँको शान्त र प्राकृतिक सौन्दर्यले हठात् मलाई भुटानको सम्झना आउँछ। भुटानीहरू खुसीका लागि प्रख्यात छन्। प्रकृतिको नजिक रहँदा र साधारण जीवन जिउँदा नै साँचो आनन्द पाइन्छ भन्ने आभास गराउँछन् यी दुवै ठाउँले ।

ज्योति दाइले भनेका थिए, "केरुङ पहिले त भेडीखर्क/चौरीखर्क नै थियो ।"

उनको भनाइअनुसार सन् २०१५ को भूकम्पको असर यहाँ पनि नपरेको होइन। तर उनीहरूले आमूल परिवर्तन गरे। यहाँका धेरैजसो संरचना नयाँ हुन्।

फराकिला सडक लेन, स्पष्ट रूपमा चिह्नित 'जेब्रा क्रसिङ' र आकर्षक सडक बत्तीहरूले तत्कालै मेरो ध्यान खिच्छन्। आधुनिकताको नमुना झल्किने भौतिक पूर्वाधार प्रत्येक मोडमा स्पष्ट देखिन्छ । यथार्थमा केरुङको वातावरणले विचारशील योजना र विकासको सन्तुलनलाई प्रतिविम्बित गर्छ। अनि यहाँका जनता किन 'ह्याप्पी' नहुने ?

विद्युतीय गाडीहरू गुडेको 'स्वाइँय' आवाज आइरहेको छ। सडकमा हिँडिरहेका तीर्थयात्रीको शान्त वार्तालाप सुनिन्छ। यही बेला सहरमा आइपुग्छ, धुपी तथा सल्लाको सुगन्ध बोकेको सिर्सिरे वायु। आवाज, दृश्य र वायुको अद्भुत तालमेल छ केरुङमा।

वाह, सहर हुनु त यस्तो !

केही स्थानीय 'इलेक्ट्रिक ट्राइसाइकल' मा तरकारी, कपडा तथा हल्का मालसामान राखेर कुदिरहेका छन् त कोही त्यसैमा सामान राखेर बेच्दै। कति सजिलो ! चीनमा बनेका प्रायः समानहरू नेपाल भित्रन्छन्। तर यो जिनिस चाहिँ किन भित्रिएन होला भन्ने प्रश्न उब्जन्छ मेरो मनमा।

फेरि आकाशतिर चियाउँछु। केरुङ वरपरका हरिया पहाडले पनि सूर्यको सुनौलो चमकले आफूलाई नुहाइरहेका छन्। पहाडको टुप्पामा फर्फराइरहेका प्रार्थना झन्डाहरूले केरुङको धड्कन प्रतिध्वनित गरेजस्तै आभास गराउँछ।

केही बेर केरुङको वातावरणमा हराउन मन लाग्छ मलाई। आकाशमा हल्का बादल छरिएको छ, मन्द चिसो हावाले अनुहार सुम्सुम्याइरहेको छ। वरपरका हरिया पहाड नजिकै आएझैं लाग्छन्।

म निस्फिक्री हिँड्दै जान्छु, सडकहरू पार गर्दै। अनायासै एउटा गुम्बासँग आँखा जुध्छ। सुनौलो छानो, रङ्गीन प्रार्थना झन्डा र भित्ताहरूमा

कुँदिएका धार्मिक कलाले मलाई रोक्छन्। लाग्छ- म काठमाडौँका पुराना महाविहारहरूको कुनै अंशमा उभिएको छु।

नेपाली बौद्ध समुदायद्वारा निर्माण गरिएको यस गुम्बामा शाक्यमुनि बुद्धको मूर्ति स्थापित छ, जसले नेपाल र तिब्बतबीचको गहिरो बौद्धिक र सांस्कृतिक सम्बन्धलाई प्रतिविम्बित गर्छ।

भनिन्छ- भृकुटीले शाक्यमुनि बुद्धका दुईवटा मूर्ति लगेकी थिइन्। उनले एउटा केरुङमा र अर्को ल्हासाको जोखाङ गुम्बामा स्थापना गरेकी थिइन्।

यो गुम्बा नेपाल र तिब्बतको सम्बन्धको मौन साक्षी हो। नेपाली संस्कृति र आस्थालाई बोक्दै यसले विदेशमा पनि आफ्नो जरा फैलाइरहेको वटवृक्षजस्तो अनुभव गराउँछ।

गुम्बाबाट फर्कँदै गर्दा मेरो मन कुनै दुर्गम पहाडी गुम्बामा पुगेझैँ महसुस हुन्छ। परदेशमा आफ्नै पहिचान भेटिनु जस्तो खुसी केही हुँदो रहेनछ। सीमाबाट अलिक पर भए पनि सिरानीमा राखेर सम्झिने सपनाजस्तो हो- यो गुम्बा। हृदयमा एउटा मीठो स्पर्श बोकेर होटल फर्कन्छु म।

अघिल्लो साँझ 'डे ब्रिफिङ'को सिलसिलामा पेम्पाले भनेका थिए, "भोलिको गन्तव्य सागा। दूरी २४० किलोमिटर, उचाइ ४,५५० मिटर र यात्रा समय ३-४ घण्टा। हामी बिहान १०:१५ बजे प्रस्थान गर्नेछौँ। समयमै लबीमा भेटौँ है!"

फलफूल, पुरी, भाजी, पाउरोटी, अम्लेट र कफीले रातभरिको उपवास तोडेपछि झोलीझाम्टा बोकेर होटलको लबीमा उपस्थित हुन्छु म। त्यसो त मित्रद्वय हिरा धमला र राजन सिंखडासँगै बसेर कफी नसुर्क्याएको त कहाँ हो र! उनीहरू आआफ्नै समूहका टोलीनेता बनेर आएका। अघिल्लो साँझ पनि तात्तातो सुप र पपकर्नले आफ्नो आतिथ्य प्रकट गरेका थिए। आत्मीयता र न्यानोपनको रमाइलो क्षणमा रूपान्तरण भएथ्यो, उनीहरूको

त्यो सौहार्दता । साँच्चै विशेष र अविस्मरणीय बनेथ्यो अघिल्लो साँझको सुरुवात ।

विश्वकै छ्यानो उक्लने दिन पनि हो- आज । खुसीका लहरहरूले मेरो हृदय छोएको भान भइरहेछ । यस्तो लागिरहेछ- यति बेला छातीमा आतिशबाजी फुटेको छ र उजेलिएका छन् मेरो अस्तित्वका प्रत्येक कुना ।

तयारी अवस्थामा छन्, हाम्रा बस । चालकहरू सडकको पेटीमा टहलिरहेका छन्, टोलीको पर्खाइमा । टोली भने १०:४५ बजिसक्दा पनि तयार भइसकेका छैन । पर्यटनमा तीन दशक बिताइसकेँ यद्यपि भारतीय मूलका पर्यटकहरू भनेकै समयमा तयार भएको मैले अनुभूति गर्न पाएको छैन ।

एउटा विगत सम्झन पुग्छु म-

सन् १९८० दशकमा काठमाडौँको भोटेबहालस्थित होटल न्यु गणेशमा काम गर्थें । दिल्लीबाट काठमाडौँ घुम्न आएका एक नवदम्पतीले मसँग 'साइटसिइङ' का लागि कार मिलाइदिन अनुरोध गरे ।

मैले मिलाइदिएँ ।

ती दम्पतीले चालकलाई भने, 'तुम पाँच मिनेटके लिए ठैरो, हम आधा घन्टे के बाद आएङ्गे ।'

उनीहरू कोठामा गए ।

ठट्टा गरेको भन्ठानेथेँ । नभन्दै आधा घण्टापछि मात्र आए । उनीहरूलाई पर्खिबसेका चालक भने सिटमै मस्त निदाइरहेका थिए ।

कति हाँस्नु !

उनीहरूका लागि आधा घण्टाको ढिलाइ सामान्य कुरा हो । पासपोर्टले अमेरिकी नागरिकको पहिचान दिए पनि भारतीय मूलकै हुन् क्यार ! आफ्नै संस्कार र संस्कृतिको लयमा बुनिएका प्रतीत हुन्छन् उनीहरू ।

समयनिष्ठताप्रति आरामदायी मनोवृत्ति हुँदाहुँदै पनि विकासका मामलामा हामीभन्दा धेरै अगाडि छ, हाम्रो छिमेकी राष्ट्र । म अचम्ममा पर्छु-

उनीहरूले कसरी प्रगतिसँगै त्यस्तो आरामदायी जीवनशैलीलाई सन्तुलनमा राख्न सकेका होलान् ? स्पष्ट 'भिजन' र 'मिसन'का साथ अगाडि बढ्न सके विकास कार्यलाई प्रभावकारी रूपमा सम्पन्न गर्न सकिँदोरहेछ भन्ने दृष्टान्त हुन् उनीहरू । उनीहरूसँग जे छ, हामीसँग छैन । त्यसैले त जहाँको तहीँ छौँ हामी !

तिब्बतमा प्रयोग हुने आधिकारिक मुद्रा (चिनियाँ युआन) साट्न गएका रहेछन् टोली । त्यही भएर पो ढिलो भएको रहेछ । डोल्मा ला पार गर्दा कदाचित् घोडा आवश्यक पर्न सक्ने कुरालाई ध्यानमा राखेर पर्याप्त रकम साट्न सल्लाह दिएका थिए पेम्पाले । यस्ता परिस्थितिमा स्थानीय मुद्राको प्रयोग नै सजिलो हुन्छ । ज्योति दाइको सल्लाहबमोजिम मैले काठमाडौँमै युआन साटिसकेको थिएँ ।

हामी बस चढ्दा घडीका हातहरू दिनको मुटुमा पुगिसक्छन् । केरुङमा गर्वका साथ उभिएको घामको न्यानोपनले हामीलाई चारैतिरबाट घेरेको छ ।

अघिल्लो दिन एएल ५१९३ नम्बरको बसमा थियौँ- श्रीकर, श्रेया, रेणुका, राधिका, रामा किरणमाये, सिलास्या, श्यामप्रसाद, शामलाल, वीरेशकुमार, कविता, नागा बैङ्कटेश्वर, राजेश र म । आज पनि हामी उही बसमा छौँ र बाँकी सहयात्री अर्को बसमा ।

बसले केरुङको होटल छाड्छ तर तर निबार्धरूपमा अगाडि बढ्न सक्दैन । राति परेको पानीले पहिरो गएर सडक एकतर्फी बनेको रहेछ । सागा जाने बसहरूको लस्कर लामै भइसकेको छ । चिनियाँ कामदारहरू सक्रियताका साथ काम गरिहेका देखिन्छन् । तैपनि पहिरो पन्छाउन आधा घण्टा लाग्छ ।

हिजोको झरनालाई सम्झाउने अर्को मनमोहक झरना आज पनि बाटोमा भेटिन्छ तर बस रोक्न आवश्यक ठान्दैनन् चालक ।

गाङ्चेन चाङ्पो बायाँ लाग्छ ।

हिजोभन्दा आज झन् धमिलो रहस्य बोकेर बगेको देख्दैछु गाङ्छेन चाङ्पोलाई। सक्रिय प्रवाह हो- धमिलो नदी। यसले महसुस गराउँछ- हिमालयको मुटुको धड्कन। यसैले बोकेको छ- पहाडहरूको आत्मा। यसैले प्रतिनिधित्व गरेको छ- प्रकृतिको शक्ति। जीवित शक्ति ठान्छु म नदीलाई। हामी मानव जातिले त एक दिन धर्ती छाड्छौँ तर यसले निरन्तर जारी राख्छ आफ्नो यात्रा।

गाङ्छेन चाङ्पोको किनारमा हठात् ब्रेक लगाउँछन् बसचालक।

र, भन्छन्- "ट्वाइलेट टाइम ! ट्वाइलेट टाइम !"

यतिमात्र हो उनले बोल्ने अङ्ग्रेजी। त्यसो त आफू पनि तिब्बती भाषा कहाँ बुझ्छु र !

"लेडिज, प्लिज गो दिस वे एन्ड जेन्स गो द्याट वे !" एउटा ढिस्कोले छेलिने कोप्चेरोपट्टि महिला र त्यसको विपरीत दिशातिर पुरुषहरूलाई जान सरल निर्देशन दिन्छन् पेम्पा।

बसभित्रको वातानुकूलनमा बसेर वायुमण्डलमा निस्कँदा सिरेटोले सिरिङ्ग बनाउँछ मेरो ज्यान। घाम लागे पनि 'विन्डचिटर' छेडुँलाझैँ गर्दोरहेछ चिसो बतासले।

अघिल्लो साँझको ब्रिफिङमा पेम्पाले भनेका थिए, "बसबाट बाहिर निस्कँदा 'विन्डप्रुफ ज्याकेट' लगाइराख्नू !"

उनको अभिप्राय कसैले पनि चिसोको सिकार हुनु नपरोस् भन्ने थियो। यद्यपि उनको सल्लाहको बाबजुद नवयौवनाद्वय श्रीया र सिलास्या तथा अधबैंसे राधिका पनि टी-सर्टमै बाहिर निस्किन्छन्।

उनीहरूलाई देखेर निको मान्दैनन् पेम्पा।

यात्राभरिका लागि आफूलाई आवश्यक पर्ने न्याना कपडाहरू लिएर आएको भए पनि बसभित्रको वातानुकूलनका कारण उनीहरूलाई याद नभएको होला सायद।

"मे दिस नट कज यु टु क्याच अ कोल्ड एन्ड रुइन योर जर्नी !" चेतावनीसहित उनीहरूलाई कठोर मौसममा न्यानो रहनुको महत्त्व पुन: बुझाउँछन् पेम्पा ।

ट्वाइलेट गरेर फर्कंदा विष्मयभाव झल्किन्छ श्रेयाको आँखामा ।

भन्छिन्- "अम्याजिङ एक्सपेरियन्स !"

अमेरिकामै जन्मेर हुर्केकी हुन् । उनको अभिव्यक्तिले नै प्रस्ट हुन्छ कि यसअघि यस्तो खुला शौच कहिल्यै गरेकी थिइनन् । निश्चय नै यो नौलो अनुभव हो उनका लागि । यद्यपि उनका शब्दहरूमा व्यङ्ग्यको स्पर्श पाउँछु । मलाई पनि लाग्छ- ठाउँठाउँमा सार्वजनिक शौचालय भइदिएको भए... !

नेपालमा क्याम्पिङ ट्रेक गर्दाका यस्तै विगत सम्झन्छु म । पिसाब लाग्यो कि अघिअघि दौडेर कुइनेटोमा छेलिने कि त पछाडि बस्ने । कहिलेकाहीँ त पिसाब फेरी नसक्दै पदयात्री नजिक आइसकेका हुन्थे । अनि त नदेखेजस्तो गर्नुपर्थ्यो । अहिले पनि बस्तीबाहेकका ठाउँहरूमा पिसाब लाग्दा गर्ने नै त्यही हो ।

बसयात्रा अगाडि बढेसँगै परिदृश्यहरूले अनौँठा चमत्कार प्रकट गर्छन् । जस्तो कि- पहाडहरू भव्य रूपमा उठेका, सूर्यको किरणले गाङ्छेन चाङ्पो टल्किरहेको र हिमालयन गिद्धहरू आकाशमा फराकिला पखेटाले हावाको वेग समात्दै गरेका ।

अचानक केही छ्योर्तेनमा ठोकिन्छन् मेरा नजर ।

बुद्धमन्त्र कुँदिएका । मणिपत्थरहरूले सजिएका । प्रार्थना झन्डाहरू फर्फराइरहेका । बुद्धको शरीर, वाणी र मनलाई प्रतिनिधित्व गरेका हुन्छन् छ्योर्तेनले । छ्योर्तेनले वायुसँगै ज्ञान र आस्थाका कथा वाचन गरिरहेको भान हुन्छ । म महसुस गर्छु- छ्योर्तेन सांस्कृतिक संरचनामात्र होइन, यो त यात्राको सिलसिलामा भेटिने मौन साथी हो । यसले संसारको विशालताबीच यात्रुलाई स्वयम्भित्रको शान्ति खोज्न प्रेरित गर्छ ।

चोरी औंलो सोझ्याउँदै नेपाली गाइड सरोजले मलाई भन्छन्, "हेर्नुहोस् त ! ती अग्ला हिमालहरूमा पहिलो तिब्बतमा पर्ने ८,०२८ मिटर अग्लो सिसापाङ्मा हो र अर्को नेपालको गौरव गौरीशङ्कर ।"

उनीहरू 'सिसापाङ्मा' भन्छन्, हामी नेपाली त्यसैलाई 'गोसाइँनाथ' भन्छौँ । रसुवाको गोसाइँकुण्डकै पछाडिपट्टि छ- 'गोसाईंनाथ' ।

मित्र हिरा धमलाले भनेका कुरा सम्झन्छु म-

"तिब्बतको पिको च्छो (ताल) देखि नेपालको गोसाईंकुण्ड, मेलुङ चे हिमाल र गौरीशङ्कर (दक्षिणामूर्ति) सम्मको क्षेत्रलाई आगमतन्त्रको उत्पत्ति भएको मानिन्छ । पौराणिक कथनअनुसार यो क्षेत्र शिवपार्वतीको 'आध्यात्मिक संवाद' सञ्चालन हुने स्थान पनि थियो । साथै, रसुवाको 'नामगे दगाम' र दोलखाको 'रोल्वालिङ' जस्ता पवित्र बेयुल (गुप्त धार्मिक स्थल) पनि यही क्षेत्रमा पर्छन् ।"

अनुभवी यात्रा व्यवस्थापक हुन्- हिरा धमला । कैलाश यात्रामा अनेकौं पटक गाइडको भूमिका निभाइसकेका उनी यहाँको भौगोलिक सौन्दर्यको जीवित नक्साजस्तै प्रतीत हुन्छन् । कुन स्थानको महत्त्व के छ भन्ने विषयमा उनमा भएको ज्ञान प्रशंसनीय छ ।

यहीँबाट देखिन्छ- तिब्बती प्लेटो (मैदान) का विशाल दृश्य । नजरमा पर्छन्- हरिया घाँसेमैदान, खोलानाला र चट्टानी पहाड ।

केही छ्योर्तेन भएको एउटा थुममा पुगेपछि सरोज भन्छन्, "राजेन्द्र सर, यो ठाउँमा महायोगी मिलारेपाले आफ्नी दिदी पेतासँग भेटेका थिए रे । उनी जन्मेको गाउँ क्याङ चा चाहिँ यहाँबाट १४ किलोमिटर पर छ ।"

मिलारेपा- तिब्बती बौद्ध धर्मका अति पूजनीय साधक । मिलारेपा- महान् शिक्षक एवम् मार्गदर्शक । मिलारेपा- काग्यु परम्पराका महत्त्वपूर्ण व्यक्तित्व । अत्यन्त प्रेरणादायी छ उनको जीवन । कालो जादूको अभ्यास गरेर शत्रु नष्ट गर्ने पूर्वाग्रही सोचको जीवनशैलीलाई पूर्णतः त्याग्दै ध्यान

र कठोर तपस्यामार्फत ज्ञान प्राप्त गरेका थिए उनले।

सरोजले सुनाएझैँ ती दिदीभाइको भेट हुँदा उनीहरू दुवैको जीवनको धार र दृष्टिकोण बिल्कुल फरक भइसकेको थियो रे। दिदी सङ्घर्षमय जीवन बाँचिरहेकी थिइन् भने भाइ पूर्णत: साधनामा अभ्यस्त भइसकेका। दिदीलाई पनि सांसारिक मोह त्यागेर आध्यात्मिक शान्तिको खोजी गर्न प्रेरित गरेका थिए रे मिलारेपाले।

सरोज भन्छन्, "मिलारेपाको गाउँ गुङ्थाङ र क्याङ चालाई अहिले पनि उनको ध्यान र शिक्षाको प्रतीकका रूपमा मानिन्छ। यी ठाउँ तीर्थयात्रीका लागि अत्यन्त पवित्र र प्रेरणादायी स्थल हो।"

म भन्छु, "कैलाशको यो रुटमा मिलारेपाको ती दुवै गाउँलाई पनि समेट्नुपर्थ्यो।"

जसै बस एउटा रमणीय उपत्यकाभित्र प्रवेश गर्छ, नजरमा ठोक्किन आइपुग्छ, पातलो बस्ती भएको उपत्यका। यहाँ तोरीका फूलहरू नीलो आकाशको पृष्ठभूमिविरूद्ध हावामा लहराइरहेका छन्, आश्चर्यजनक 'कन्ट्रास्ट' सिर्जना गर्दै। उसैगरी बयेली खेलिरहेछन्, उवाका बोटहरू। नेपालको तराईका फाँटजस्तै लाग्ने दृश्यहरूको स्वादिलो भोजन गर्छन् मेरा भोका नयनले।

आज तीन ठाउँमा सुरक्षा जाँच हुने कुराको जानकारी पेम्पाले हिजै गराएका थिए। उनकै झोलामा छन्, हाम्रा राहदानी। डाङ ला (पास) को पहिलो चेक प्वाइन्टमा पुगेपछि सुरक्षाकर्मीसमक्ष पासपोर्ट सुम्पन्छन्। गाडा नीलो पोसाकमा सजिएका एक अधिकारी हाम्रो बसभित्र छिर्छन्। आफ्ना सतर्क एवम् सशङ्कित नजर हामीमा बिछ्याउँदै गन्छन् हाम्रा टाउका र केही नबोली ओर्लन्छन्।

राजमार्गमा हुने सुरक्षा जाँच हाम्रो र उनीहरूकोमा फरक पाउँछु म। हाम्रोमा जस्तो सुरक्षा जाँच गर्ने नाउँमा गौँडा गौँडा ढुक्ने चलन रहेनछ

यहाँ। हाम्रोमा त कहाँनेर चेक हुँदै छ भन्ने थाहै हुँदैन। यहाँ चाहिँ जाँच हुने ठाउँ स्थायी हुँदोरहेछ।

बेजोडले बत्तिन थाल्छ बस।

जसै बसको गति बढ्दै जान्छ, जीवन्त हरियालीले ढाकेका पहाडहरू क्रमश: पछाडि पछाडि सर्दै जान्छन्। अगाडि पर्न आउँछन् तृणहीन खस्रा पहाडहरू। बसले आरोहण गरेको प्रत्येक पहाडका उचाइसँगै गगन चुमेको भान हुन्छ मलाई।

यति बेला तिब्बती पठार सुरु भइसकेको छ। अर्थात् संसारको छानोमा प्रवेश पाइसकेका छौँ हामीले। सागा जाने बसहरू कुदिरहेका छन्, एकै रफ्तारमा। सडकमा बिस्तारै लम्बिन थाल्छन् तिनका छाया।

छ्योर्तेनबाट करिब आधा घण्टा गुडेपछि फराकिलो घाँसे चउरमा पुग्छौँ।

निकै पर दुईवटा अस्थायी घर देखिन्छन्।

सडक छेउमा रोकिन्छ बस।

"हामी यही खाना खाँदै छौँ," यात्रीहरूलाई जानकारी गराउँछन् सरोज।

दिउँसोको २ बजेको छ यति बेला।

बसबाट ओर्लन्छौँ।

बसभित्रको वातानुकूलनको भन्दा पातलो लाग्छ मलाई वायुमण्डलको वायु, यद्यपि चिसो हावाको सुमसुम्याइले मेरो हृदयलाई छुन्छ।

वरिपरिका मौन पहाडहरूले कुनै दिव्य कथा बोकेझैँ लाग्छन् मानौँ, यो मानव सभ्यताभन्दा निकै परको र समयले बिर्सेको एकान्त स्थान हो, जहाँ प्रकृतिले आफ्नै लयमा गीत गाइरहेको छ।

किचन टोलीको अलग्गै गाडी छ। केरुङमा तयार पारेको लन्च त्यसैमा छ। आइपुग्नेबित्तिकै शुकमान, राजु, सुम्रे, शिशिर र गोकर्ण फुर्तीका साथ

हटकेस खोलेर स्वादिलो भोजन निकाल्न थाल्छन् । प्लेन राइस, राज्मा, पास्ता र ताजा फलफूलको बफे बन्छ। प्रत्येक परिकारबाट निस्केको मीठो बास्नाले भरिन्छ चउरको वातावरण। हामी भोकको मन्दिरमा अन्नको दीप जलाउँछौँ। हरियो चउर बन्छ हाम्रो भान्साको चौपारी।

पेटले माग्नासाथ तरोताजा भोजन गर्न पाएपछि के चाहियो र ! यात्रालाई स्मरणीय बनाउने एउटा क्षण बन्न पुग्छ, भोजनका लागि गरिएको यो विश्राम। चउरमा बितेका पल, सहयात्रा र रमाइलो वातावरणले बस यात्राको थकान भुलाउँछ र नवीन ऊर्जाको महसुस गराउँछ।

लन्च गर्दै गर्दा दुई तिब्बती महिला हाम्रो नजिक आउँछन्।

अभिवादनमा म 'तासी देलेक' भन्छु।

'तासी देलेक !' भन्छन् उनीहरू।

यति नै हो मैले बोल्न जानेको तिब्बती भाषा।

संसारकै छानोको यो शान्त परिदृश्यको परिप्रेक्ष्यमा हठात् मलाई एउटा अनौठो मौनताले घेर्छ। मौनता- प्रकृतिको होइन, शब्दहरूको। साँच्चै मेरो हृदय पहिलेदेखि नै केही प्रश्न र केही कथाले भरिएको थियो, जुन म तिब्बतीसँग साझा गर्न चाहन्थेँ।

म इसाराले सोध्ने प्रयत्न गर्छु, "उः त्यो तपाईंहरूको घर हो ?"

भाषाको बाधा अदृश्य पर्खाल भएर खडा हुन्छ हामीबीच।

दुईजना आपसमा कुरा गर्छन् र मुन्टो हल्लाउँछन्। अर्थात् इसारामै 'हो' को स्वीकारोक्ति पाउँछु म।

त्यसपछि मौन संवाद हुन्छ हामीबीच।

उनीहरूले इसाराबाट बुनेका भाषालाई बुझ्ने प्रयत्न गर्छु। मुस्कान र नजरले भाव व्यक्त गर्छन् उनीहरू। हाँसो साझा गर्छौं हामी। साँच्चै, शब्दमा भन्दा बढी कुरा व्यक्त हुँदारहेछन् हाँसो, मुस्कान र मौनतामा।

तेज गतिमा हुँइँकिएको बसले हामीलाई पुऱ्याउँछ गुम दाङ लाको सुरुङमा ।

"यो सुरुङ गत हप्तादेखि सञ्चालनमा आएको हो। पहिले हामी ५,२१३ मिटर उचाइ पार गर्ने गर्थ्यौं। चार किलोमिटर लामो यस सुरुङले साँच्चै नै यात्रा सहज बनाएको छ," भन्छन् पेम्पा ।

म ठान्छु, भाग्यमानी रहेछौँ हामी ।

अग्लो भन्ज्याङ। कठोर मौसम। म सहज अनुमान गर्न सक्छु- कस्ता कस्ता चुनौतीको सामना गर्नुपऱ्यो होला यो सुरुङ मार्ग बनाउँदा। एकातिर यातायात सञ्जाललाई आधुनिकीकरण गरिएको छ भने अर्कोतिर यात्राको समय छोट्याइदिएको छ यो सुरुङले। म सोच्छु- नेपालका पहाडहरू यसरी नै सुरुङले छिचोल्न सके यात्रा कति द्रुत र सुगम हुँदो हो ।

अनन्त रूपमा फैलिँदैछ- परिदृश्य। घामको बदलिँदो प्रकाश र बादलको छायामा नुहाइरहेका छन्, विशाल घाँसे चउर ।

"जिलोङ काउन्टी आउनै लाग्यो," जानकारी गराउँछन् सरोज ।

मेरो ध्यान भने घाँसे मैदानमै केन्द्रित छ ।

आँखा नचाउँदा प्रकृतिसँग गहिरो रूपमा जोडिएको अनुभव गर्छु म। यस्तो लाग्दैछ- उपत्यकाले मलाई केही बेर रोकिई आफ्नो विशालता र सौन्दर्यको अनुभूति गर्न निमन्त्रणा गरिरहेको छ।

र, जिलोङ काउन्टी पुग्छौँ ।

'काउन्टी' मैले नसुनेको शब्द ।

"के हो 'काउन्टी' भनेको ?" सरोजलाई सोध्छु ।

"'काउन्टी' भनेको सामान्यतया कुनै देशभित्रको प्रशासकीय विभाजन वा भौगोलिक क्षेत्र हो । यसको अर्थ देश वा सन्दर्भअनुसार पृथक् हुन्छ। चीनको सन्दर्भमा 'काउन्टी' भनेको प्रान्तीयस्तरभन्दा मुनि र ठूला क्षेत्रअन्तर्गतको तेस्रो तहको प्रशासनिक विभाजन हो," उनको जवाफ ।

मौसमको कठिनाइलाई सामना गर्न डिजाइन गरिएका ढुङ्गाका बाक्ला गारा र समतल छाना छन् घरहरूका। हाम्रो मुस्ताङका घरहरूसँगको समानता झल्काउँछन् तिनले। घरको निर्माण शैली र लुङ्दरको फर्फराहट दुवैले तत् तत् स्थानको प्रकृति र परम्परासँगको समानतालाई इङ्गित गर्छन्। यसैले जिलोङ र मुस्ताङबीचको सांस्कृतिक सम्बन्ध घनिष्ठ र आत्मीय छ जस्तै लाग्छ।

जिलोङले समयहीन कथा फुस्फुसाएजस्तो लाग्छ। हावा- जो यहाँ सहस्राब्दियौंदेखि नाचिरहेको छ। नदी- जसले मानव अस्तित्वभन्दा धेरै पहिले आफ्नो बाटो कोरेका थिए।

जिलोङबाट बस अगाडि बढेसँगै क्रमशः बढ्दै जान्छ, भूगोलको उचाइ। लहरदार पहाड र विशाल घाँसे मैदान। प्रकृतिको अप्रतिम सौन्दर्यको अनन्त दृश्य। क्या भव्य प्रदर्शनी! शान्तिमय परिवेश पार गर्दै म अहिले तिब्बतको अविस्मरणीय परिदृश्यमा दौडिरहेको छु।

सौम्य पहाडहरूको दृश्य। स्वतन्त्र भावनाको जागृति। अनन्त नीलो आकाशको पृष्ठभूमिमा नाचिरहेका छन् सेता बादल। नीलो र सेतोको संयोजनले यस्तो सन्तुलन बनाएको छ, जसमा शान्ति र आश्चर्यको अनुभूति गराउँछ। लाग्छ- आज आकाशले नै आफ्नो क्यानभास खोलिदिएर प्रकृतिको अनुपम कलाको झलक देखाउँदै छ।

घाम र छायाको अर्को खेलतर्फ तानिन्छन् मेरा नजर। बादलका बीचबाट छिरेको सूर्यका किरणले क्षणिक न्यानो पोखिरहेका छन् तिब्बती भूगोलमा। धर्तीमा बादलको छाया खसेको देख्दा जीवनमात्र होइन स्वयम् प्रकृति पनि क्षणिकताले भरिएको प्रतीत हुन्छ मलाई। घामछायाको खेलले यात्रालाई प्रतिविम्बित गर्छ- चलायमान तर स्थिर, क्षणभङ्गुर तर अनन्त। म सोच्छु- हामी कति सूक्ष्म छौं यो अनन्त संसारमा र कति गहिरो रूपमा यसको अभिन्न हिस्सा बनेका छौं!

अन्तहीन दृश्य हेर्दा हेर्दा लोलाएछन् मेरा नयन। निद्रामा लट्ठिएको पत्तै भएन। चालकले अचानक ब्रेक थिच्दा पो झसङ्ग हुन पुग्छु। यो झस्काइले यात्रामा एउटा फरक स्वाद थप्छ, जुन क्षण स्मृतिमा गढेर बस्छ। यस्ता अनुभवले नै हो यात्रालाई रोचक बनाउने।

सडकको दायाँबायाँ फैलिएका फराकिला चउरमा निर्माण गरिएको सार्वजनिक शौचालयबाहेक कुनै ठूला संरचना छैनन्। यद्यपि यो पठारमा केही आकर्षक कुरा छन्- शान्ति, सौन्दर्य र खालीपन।

दस मिनेटका लागि बस रोकिएको जानकारी गराउँछन् सरोज।

सागातर्फ जाने बसहरू रोकिएका छन्। यात्रु धमाधम बाहिर निस्केर खुट्टा तन्काउँछन्। कतिपय त शौचालयमा लाइन लाग्न पुगिसकेका हुन्छन्।

हामी ४,६५० मिटर उचाइमा छौँ। हिमाली हावाले शीतलताको अनुभूति गराइरहेको छ। म चिसो हावालाई गहिरोसँग फोक्सोभरि तान्छु।

सडकभन्दा अलि पर रहेको शान्त र निश्चल तालले सबैको ध्यान खिचिरहेको छ। तालको नजिक जान्छु म।

अङ्ग्रेजीमा लेखिएको साइन बोर्डले बोल्छ- “छो चो लुङ।”

सायद यो चिनियाँ नाम होला।

“नुनको ताल हो यो। तिब्बती भाषामा ‘छा च्छो’ भनिन्छ। ‘छा’ को अर्थ नुन र ‘च्छो’ को अर्थ ताल हुन्छ,” अर्को समूहको कसैले गरेको संवाद मेरो कानमा पर्छ।

‘च्छो ड्रोलुङ’ पनि भनिँदो रहेछ यसलाई। सही के हो, त्यो चाहिँ राम जाने! नाम जे सुकै भए पनि यो नुनिलो ताल होला भन्ठान्छु म। यस्ता ताल त तिब्बतमा कति छन् कति! तालकै देश त हो- तिब्बत।

तालमा वरपरका उजाड पहाडहरूको प्रतिविम्ब स्पष्ट झल्किरहेको छ। तालको सौन्दर्यले मेरो मनमा मिश्रित भावना जगाउँछ- आश्चर्य, हल्का

उदासीनता र प्रकृतिप्रतिको आभारी। तालले कैलाश परिक्रमा गर्न आएका यात्रुहरूका कथा, आशा र सपना बताउँछ।

ल्हासा जाने सडक यहीबाट छुट्छ। हाम्रो बस मोडिन्छ आफ्नै गन्तव्यतर्फ।

"अब ६५ किलोमिटर बाँकी छ, सागा पुग्न," भन्छन् सरोज।

उचाइको मैदानमा कोरिएको सडक रेखामा स्वतन्त्र कुदिरहेछौँ हामी। मैले कहिल्यै कल्पना नगरेको अनुभूति गराइरहेछ, यहाँको परिवेशले।

अनन्त घाँसे मैदानमा चौँरीगाई र भेडाहरू चरिरहेका देखिन्छन्। तर त्यहाँ कुनै व्यक्तिको उपस्थिति ठम्याउन सक्दिनँ। म ठान्छु- प्रकृति बाह्य हस्तक्षेपविना आफ्नै स्वाभाविक र प्राकृतिक लयमा काम गरिरहेछ। अर्थात् यहाँ प्रकृतिको स्वत:स्फूर्त लय र जीवनको सरलता प्रकट भइरहेको छ।

बसमा हुइँकिँदै गर्दा समथर मैदानमा फैलिएको पानीको विशाल बहाव देखिन्छ। चाँदीको रिबनजस्तै लाग्ने नदीले घाँसे मैदानलाई चुपचाप छोड्दै गरेको दृश्य कम रोचक लाग्दैन मलाई।

"यो ब्रह्मपुत्र नदी हो," जानकारी गराउँछन् पेम्पा।

"तिब्बती नाम के हो?" सोध्छु।

उनी जवाफ फर्काउँछन्- "यार्लुङ चाङ्पो।"

थप जानकारी गराउँदै उनी भन्छन्, "'यार्लुङ' ले वास्तवमा नदीको माथिल्लो भागलाई जनाउँछ। यो उपत्यकाको नाम पनि हो। यो माउन्ट कैलाश नजिकैको आङ्सी हिमनदीबाट उत्पन्न भएको हो। तिब्बती भाषामा 'चाङ्पो' को अर्थ 'शुद्ध पार्ने' वा 'नदी' भन्ने हुन्छ, जसले यस नदीको सांस्कृतिक र आध्यात्मिक महत्त्वलाई अरू प्रस्ट्याउँछ।"

चीनका ठूला नदीमध्ये एक र भारतका दुई ठूलामध्ये एक। तिब्बती सभ्यतामा पवित्र मानिन्छ यार्लुङ चाङ्पोलाई। यसले सांस्कृतिक विविधता, ऐतिहासिक गौरव र प्राकृतिक सम्पदाको प्रवाह समेट्छ। हिमालयका कठोर

भूबनोटबाट बग्दै भारतको समतल भूमिलाई जीवन दिने स्रोत बनेको छ यो । यसको तीरमा बसोबास गर्ने कोटी कोटी मान्छेको जीवनरेखा पनि हो ।

अन्तिम सुरक्षा जाँचपछि हामी पहाडको काखमा अवस्थित सागाको पहिलो झलक पाउँछौं । करिब साढे ४ घण्टाको यात्रापछि बसले 'जोय होटल' पुऱ्याउँछ ।

तिब्बती भाषामा 'सा' को अर्थ धर्ती र 'गा' को अर्थ मनपर्नु । अर्थात् मन पर्ने धर्ती । उचाइमा आइपुग्दा थकित महसुस भइरहेको हाम्रो ज्यान विश्रामको सान्निध्यमा छ । मनमा भने फक्रँदै छ, उत्साहको नयाँ फूल । दुई रात काटेर थकान मेट्ने गन्तव्य हो- सागा, अर्थात् यात्राका सपनाहरू बोक्ने पुल ।

उचाइसँगको मित्रता

तिब्बती हितोपदेशले भन्छ, "उचाइको भूगोलमा समय तपाईंको सबैभन्दा राम्रो साथी हो।"

यो, भनाइले मेरो अनुभवलाई थप पुष्टि गर्छ।

ज्योति दाइले भनेका थिए, "४६०० मिटरभन्दा बढी उचाइमा तिमी यसअघि पुगेकै छौ। तर सागा पुग्दा अनुभव फरक हुन सक्छ। बसको गतिमा उचाइ लिँदा टाउको दुख्ने र कमजोरी महसुस हुन सक्छ। अँ, धेरै उत्साहित पनि नहुनू र छिटो छिटो हिँड्न पनि नखोज्नू! तरल पदार्थ धेरै पिउनू, विशेष गरी सुप! असहज महसुस हुनासाथ भाइहरूलाई भन्नू है!"

नभन्दै हो रहेछ।

अघिल्लो दिन सागा आइपुग्नेबित्तिकै महसुस गरेथेँ। केरुङदेखि नै सबै यात्रीले डायमक्स सेवन गरे पनि कतिपयले टाउको दुखेको महसुस गरेका थिए।

"म लिऊँ कि नलिऊँ त डायमक्स?" सोधेथेँ सरोजलाई।

"तपाईंलाई त पर्दैन," भनेका थिए उनले।

पेम्पाले त भनेका थिए- "दि अल्टिच्युड अफ टिबेट इज डिफरेन्ट द्यान नेपाल।"

उनको कुरा पनि गलत लागेन।

बसबाट ओर्लेर सागाको 'जोय होटल' छिर्नेबित्तिकै मेरो टाउको बिस्तारै भारी हुन थाल्यो। यतिसम्म कि मानौँ मेरो शिरमा माउन्ट कैलाश नै बसेको छ। दुखाइले गर्दा सागाको शान्त वातावरणले पनि मलाई शान्ति दिन सकिरहेको थिएन। सन् १९९९ मा म पहिलो पटक सगरमाथा आधार शिविरको पदयात्राका सिलसिलामा लोबुचे पुग्दा यस्तै दुखाइको सामना गरेथेँ।

"यो उचाइको असर हो कि सामान्य टाउको दुखाइमात्र?" राजेशलाई सोधेँ।

उनले मुस्कुराउँदै भने, "अलिकति थकान, अलिकति हर्ष र पातलो हावाको संयोजन हो। ल, यो एक चक्की सिटामोल लिनुस्! तु ठीक भइहाल्छ।"

मैले उनीमाथि विश्वास गर्दै एक चक्की सिटामोल खाएँ।

करिब १५-२० मिनेटमै हल्का महसुस हुन थाल्यो। त्यो परिवर्तन यति अप्रत्याशित थियो, मानौँ कुनै जादु नै भयो। त्यही क्षण मेरो मनले भन्यो- कैलाश यात्रा भनेको पीडालाई जितेर अघि बढ्ने अदृश्य शक्ति र साहसिकताको प्रतीक रहेछ।

त्यसपछि सागाको हावा खान बाहिर निस्किएँ। मलाई आत्मसात् गर्नु थियो, सागाको शान्त वातावरण। सडकपेटीमा टहलिँदै गर्दा अचानक प्रदीप पण्डितलाई भेटेँ। उनी आफ्नै कम्पनीबाट कैलाश यात्रा गर्ने यात्रुहरू लिएर आएका। कैलाश त पानी पँधेरोजस्तै हो उनका लागि। तिब्बतको प्रत्येक कुनाको हावापानीसँग परिचित छन् उनी।

प्रदीपले मलाई उनी बसेको होटलमा लगे। हामी बसेका होटलभन्दा ४ मिनेट जति पर थियो उनको होटल। भान्सामा व्यस्त थियो, उनको किचन टोली। मसरूम सुप र पपकर्न तयार भइसकेको रहेछ। त्यसैले स्वागत गरे मलाई। उनको अपूर्व आतिथ्य मेरो यात्राको अविस्मरणीय पल बन्यो।

प्रदीपसँग छुट्टिएपछि बजारको माथिल्लो भागसम्म पुगेँ। काठमाडौँका

साँघुरा र भीडले भरिएका सडकपेटीमा हिँड्न अभ्यस्त मेरा पैतालाले यहाँको फराकिलो, सफा र व्यवस्थित पेटीमा टेक्दा विशेष अनुभव गर्दै थिए ।

हिँड्दै गर्दा मनमा केही कुरा खेल्न थाले- हाम्रो राजधानीका सडकहरूमा पनि यस्ता फराकिला र व्यवस्थित सडकपेटी बन्लान् त ? न भीडको ठेलमठेल, न धुवाँ र धूलो, न त हर्नको कर्कश आवाज । कति आनन्द हुन्थ्यो होला सडक पेटीमा स्वच्छ हावाको स्पर्शसँगै खुलेर हिँड्न पाउँदा ! मलाई सपनाझैं लाग्दै थियो आफ्नै कल्पना ।

तर नेपालको वर्तमान राजनीतिक परिस्थिति र विकासप्रतिको उपेक्षाको यथार्थ सम्झिँदा यो आशा एकाएक मरेतुल्य भयो । नेपालमा विकासका सम्भावनाहरू यथेष्ट छन् नै तर तिनलाई यथार्थमा परिणत गर्ने इच्छाशक्ति कहिले आउला ? यो प्रश्नले धेरै बेर सोचमग्न भएथैं ।

सागा सैरपछि होटल फर्किएँ ।

हामी बसेको होटलको डाइनिङहल चिनियाँ र तिब्बती यात्रुहरूले भरिएको थियो । कोही बटर चियाको चुस्की लिँदै थिए, कोही म:मलाई ससमा डुबाउँदै । कोही कोही चपस्टिक चलाउँदै थिए- नुडल्स र भातका सिता फुत्फुत्ती टिप्दै । यसरी खाना उठाउने उनीहरूको कला मलाई औधी मन पर्छ । मैले पनि काठमाडौंका केही चिनियाँ र कोरियन रेस्टुराँमा चपस्टिक चलाउने प्रयास त गरेको थिएँ तर कहिल्यै सहज भएन ।

कैलाश यात्रामा आएका भारतीय मूलका यात्रीहरू शाकाहारी हुने भएकाले किचन टोली अनिवार्य रूपमा साथ ल्याउनुपर्ने बाध्यता हुन्छ । अन्य मांसाहारी तथा फुटकर यात्रीका लागि भने यस्तो आवश्यक पर्दैन, किनकि कैलाश मार्गमा राम्रा होटल र रेस्टुराँ उपलब्ध छन् ।

राधिका र रेणुकालाई उचाइको असरले अछुतो राखेन । सागामा आइपुगेदेखि नै फिका देखिन्थिन् राधिका, मानौँ उनमा जीवनको ऊर्जा धीमा गतिमा मेटिँदै थियो ।

नेपालको टिमुरे नजिकै छ- ४,३८० मिटर उचाइमा अवस्थित पवित्र गोसाइँकुण्ड । पौराणिक कथाअनुसार समुद्र मन्थनपछि शिवजी आफूले पिएको कालकुट विषको ताप सहन नसकेर छटपटिँदै यहाँ आइपुगे र त्रिशूल प्रहार गरी त्यो दिव्य कुण्डको सृष्टि गरे । कैलाश यात्राका लागि आएका यात्रीहरूलाई त्यहाँ पुऱ्याउन सके उचाइ अनुकूलनको दृष्टिले लाभदायी हुने थियो । तर समयको हतारो र बजेटको चक्रव्यूहमा अल्झिएका नेपालका यात्रा योजनाकारहरू यस्तो अभ्यास गर्दैनन् । राधिका र रेणुकालाई गोसाइँकुण्डमा उचाइअनुकूलन गराउन सकेको भए सागाको उचाइले छुन्थेन होला सायद ।

गाइड सरोज र पेम्पाले उनको अक्सिजन लेवल जाँचे । अक्सिमिटरले '६५' देखाएर चेतावनीको घण्टी बजायो । उनलाई रातारात अस्पताल पुऱ्याइयो ।

तत्कालै डाक्टरहरूले उनलाई अक्सिजन थेरापी सुरु गरे । करिब दुई घण्टाको उपचारपछि उनी पुनः सामान्य अवस्थामा फर्किइन् ।

सागाको सार्वजनिक अस्पतालले मेरो ध्यान तान्यो । त्यहाँको व्यवस्थापन, सरसफाइ र समग्र कार्यक्षमता अनुकरणीय थियो । आधुनिक संरचना, व्यवस्थित परिसर र शिष्ट कर्मचारीहरूले यहाँको स्वास्थ्य सेवाको उच्च मापदण्डलाई प्रस्ट्याउँथे । नेपालका प्राइभेट अस्पतालहरूमा उपचार गर्दा घरखेत नै जान्छ । सरकारी अस्पतालहरूमा योग्य चिकित्सक भए पनि बिरामीको अत्यधिक चाप, सीमित स्रोतसाधन र पुराना संरचनाले सेवा प्रवाहमा चुनौती खडा गरिदिएको छ । यस हिसाबले सागाको अस्पतालबाट हामी धेरै कुरा सिक्न सक्छौँ ।

उच्च भूगोलमा यात्रा गर्दा यात्रुलाई उचाइ अनुकूलन गराएर मात्र अघि बढ्नु अत्यन्त महत्त्वपूर्ण हुन्छ । यही यथार्थलाई बुझेको हुनाले

*होली हिमालय*ले सागामा दुई रातको बसाइ राखेको हो। यहाँको बसाइले उचाइसँग तालमेल मिलाउने समयमात्र दिएन, यसले ममा साहस थप्यो, आत्मविश्वास बढायो। अरु भनौं, उचाइसँग मित्रता गासेँ। समयलाई सही रूपमा व्यवस्थापन गर्दा उचाइजन्य समस्याहरू धेरै हदसम्म घटाउन सकिने रहेछ।

भोलिपल्ट अर्थात् २० जुलाई।

तिब्बती माटोमा झुल्किएको प्रभातसँगै ब्युँझन्छ सागा।

सागासँगै ब्युझन्छु म।

सवारी साधनहरू धमाधम आआफ्नो गन्तव्यतर्फ लाग्न थाल्छन्। तीनचक्के साइकलहरू व्यस्तताका साथ बत्तिन थालिसकेका छन्। स्थानीयहरू आआफ्ना कामका लागि हतारिएझैं लाग्छन्। मानिसहरूको सक्रियता, सवारी साधनको गति र बजारको चहलपहलले सागाको व्यस्त दैनन्दिनको आभास गराउँछ। आधुनिक सहरजस्तै लाग्छ सागा तर यहाँको जीवनशैलीले ग्रामीण वातावरणको झल्को दिन्छ।

बिहानको नास्तापछि सहयात्रीहरू आआफ्नै तालगाँठीमा लाग्छन्। कोही बजारतिर किनमेल गर्न जान्छन् भने कोही लाग्छन् कोठातिर। सानो सागामा कैलाश मानसरोवर जाने भारतीय मूलका यात्रीहरूको ओहोरदोहोर चलिरहेको छ। उनीहरू ज्याकेट, लट्ठी र मानसरोवरको पवित्र जल भर्नका लागि ग्यालिन किनिरहेका देखिन्छन्। म उनीहरूका आँखाको मानसरोवरमा विशेष उत्साह र आशा छचल्किरहेको अनुभूत गर्छु।

लन्चपछि सरोज, राजेश र म घुम्न निस्कन्छौं।

मनमोहक लाग्छन् सागाबाट देखिने पहाडका लुङ र ब्रह्मपुत्र नदीका दृश्य।

सरोज भन्छन्, "पौराणिक कथनअनुसार ब्रह्माको पुत्र भन्ने अर्थमा 'ब्रह्मपुत्र' नाम दिइएको रे। ब्रह्मपुत्र विष्णुका नाभिबाट निस्किएको कमलका डाँठबाट उत्पन्न जलधारा हुन्, जसलाई ब्रह्माले पुत्रका रूपमा

स्विकारेका थिए। यसै कारणले पनि यो नदीलाई पुरुषको रूपमा आदर गरिन्छ। हिन्दू सभ्यतामा धेरैजसो नदीहरूलाई मातृरूप अर्थात् स्त्रीरूपमा पूजा गरिन्छ तर ब्रह्मपुत्र नदीलाई पुरुष नदी मानिन्छ।"

नदीको नाम 'ब्रह्मपुत्र' भन्ने थाहा भए पनि यो कुराको जानकारी मलाई थिएन।

मेरो नजर क्षितिजतिर डुल्छ जहाँ नदीको नीलो सतहले आकाशको प्रतिविम्ब अङ्कित गरिरहेको छ। ब्रह्मपुत्र नदी पानीको बहाब मात्र नभई समयको प्रवाह पनि हो। यसैले बनायो सभ्यताहरू र बगिरहेछ अविरल। ब्रह्मपुत्र नदीको यात्रा जलप्रवाह मात्र होइन; यो त समयले लेखेको एउटा सजीव महाकाव्य हो- जहाँ प्रत्येक मोड, प्रत्येक गर्जन र प्रत्येक गहिराइले कथा बोलिरहेका हुन्छन्।

ब्रह्मपुत्र नदीमा पुल नबन्दा ज्योति दाइ र विमल नहर्कीले सुनाएका दुःखका कथा अझै ताजै छन् मेरो मानसपटलमा।

उनीहरू भन्थे, "फेरीले यात्रुहरूलाई पार लगाउँथ्यो, तर फेरी चलाउनेको भाउ दिनदिनै अकासिँदै गयो। कहिलेकाहीँ त पारि पुग्नकै लागि दिनभर कुर्नुपर्ने हुन्थ्यो। कतिपय अवस्थामा रातभर पनि। यात्रुको संख्या बढ्नासाथ फेरीका चालक मनलाग्दी भाडा असुल्थे। हामीजस्तो यात्रा गराउनेहरूलाई असाध्यै गाह्रो पर्थ्यो। त्यसैले सानातिना उपहार लिएर जान्थ्यौँ, ताकि फेरीवालाहरूले हामीलाई प्राथमिकता दिऊन्। तथापि कहिलेकाहीँ त त्यो उपहारले पनि केही काम गर्थेन।"

उनीहरूका कथा सुन्दा लाग्थ्यो, यात्रुको मात्र होइन, स्थानीय व्यापारी, तीर्थयात्री र तिब्बत आउजाउ गर्नेहरूले समेत यस्तै समस्या भोग्नुपर्थ्यो। व्यापारको मूल धमनीजस्तो मानिएको यो मार्ग सदियौँदेखि सांस्कृतिक र आर्थिक दृष्टिले प्रमुख केन्द्र थियो। त्यसैगरी अप्ठ्यारो, अस्तव्यस्त र अनिश्चितताले पनि भरिएको थियो।

सडक बन्दै गर्दाको दुःख कथा पनि कहन्थे उनीहरू।

दिनभरि बाटैमा रोकिनुपर्ने। बेलुकी मात्र छोडिदिने। अनि त रातभरि गाडीमा सयर गर्नुपर्ने। एक दशकयता तिब्बतका सडक सहज बनेका छन्।

मैले उनीहरूबाटै सुनेको हुँ चीनले थ्री गोजेर्ज ड्याम निर्माण गरेर विश्वलाई चकित पारेको कुरा। वातावरणको कोणबाट आलोचना भए पनि चीनको विकास यात्राले विश्वभरिका इन्जिनियर, वैज्ञानिक र रणनीतिकारहरूलाई चकित तुल्याइरहेको छ। सुनेको थिएँ- ब्रह्मपुत्र नदीले विशाल मोड लिने तिब्बतको पूर्वी क्षेत्रमा चीनले अर्को विशाल जलविद्युत् परियोजना निर्माण गर्ने योजना अघि बढाइरहेको छ। यो परियोजना सफल भएमा विश्वकै सबैभन्दा ठूलो जलविद्युत् आयोजनाको रेकर्ड तोड्नेछ। त्यसपछि विश्व फेरि चकित हुनेछ।

हामीसँग पनि हिमालबाट उत्रिने हजारौँ नदी छन्। चीनले आफ्ना कठोर भौगोलिक सीमाहरूलाई अवसरमा बदलेजस्तै हामी पनि हाम्रा नदीहरूलाई उपयोग गरेर जलविद्युत्मा धनी बन्न सक्थ्यौँ। तर विडम्बना- राजनीतिक अस्थिरता, लगानी अभाव र दीर्घकालीन दृष्टिकोणको कमीले गर्दा सम्भावनाहरू केवल योजनाका कागजमा सीमित भइरहेका छन्।

बरु अरुण- ३ जस्तो महत्त्वाकाङ्क्षी परियोजनालाई हामीले गुमायौँ र त्यसैमा रमायौँ। हाम्रो प्रणाली, हाम्रो इमानदारी, हाम्रो अभिप्राय र हाम्रो इच्छाशक्तिले हामीलाई यस्तो योजनाको परिकल्पना गर्न कहाँ दिन्छ र!

मेरो मनमा एउटा गहिरो प्रश्न उठ्छ- नेपालजस्तो जलस्रोतमा धनी तर विकासमा पछि परेका मुलुकले चीनबाट के सिक्न सक्छ? के हामी छिमेकीकै प्रगतिलाई हेरेर अचम्म मान्ने मात्र हो, कि आफ्नै सम्भावनाहरूको पनि खोजी गर्ने?

फर्कने क्रममा हामी बजार छिरेर एकेक थान सानो थर्मस किन्छौँ। डोल्मा ला पार गर्ने दिनका लागि तातो पानी भर्न पनि हुने र तिब्बतको चिनोको रूपमा पनि रहिरहने। सरोज र राजेशले पाहुनाहरूलाई दिराफुकसम्मका लागि आवश्यक पर्ने अन्य सामग्री पनि किन्छन्। त्यसपछि उनीहरू

आआफ्नो काममा व्यस्त हुन्छन् । मचाहिँ आराम गर्न कोठातर्फ लाग्छु ताकि भोलिका लागि ऊर्जा सञ्चय गर्न सकूँ ।

कोठामा पुगेर इन्टरनेट जोड्नासाथ ह्वाट्सएपमा ज्योति दाइको मेसेज आउँछ-

"के छ त भाइराजा ?"

म तुरुन्तै जवाफ दिन्छु, "आरामै छु ।"

"टाउको दुखेको छ कि ?"

"अहिले त छैन ।"

"त्यसो भए तिम्रा भोलिका दिनहरू रमाइला हुनेछन्। आज भने आराम नै गर्नू !"

शरीरका लागि विश्राम पनि उत्तिकै महत्त्वपूर्ण कुरा हो । उनका स्नेहपूर्ण शब्दहरूले मलाई सान्त्वना दिन्छन् र म थप उत्साहित हुन्छु ।

केही बेर आराम गरेपछि म किचनतिर जान्छु ।

*होली हिमालय*ले खटाएका कर्मचारी आआफ्नो जिम्मेवारीमा निपुर्ण र लगनशील देखिन्छन् । यो यात्रा सफल हुने वा नहुने कुरा धेरै हदसम्म उनीहरूकै सामूहिक प्रयासमा निर्भर छ। यस यात्राको विशेष पक्ष भनेको खटिएका कर्मचारीहरूबीच देखिएको उत्कृष्ट समझदारी र सहकार्य हो ।

सरोज र राजेशले पाहुनाहरूको आवश्यकता ध्यानपूर्वक सम्बोधन गर्दै उनीहरूको हेरचाहमा कुनै कन्जुस्याइँ गरेका छैनन् । उच्च स्थानको वातावरणलाई ध्यानमा राखेर भारतीय परिकारहरू तयार गर्न अहोरात्र मिहिनेत गरिरहेका छन्- शुकमान, राजु, सुम्रे, शिशिर र गोकर्ण ।

उनीहरूले तयार पारेका स्वादिला परिकारहरूले शरीरको भोक मेटाएका मात्र छैनन्, मनलाई पनि सान्त्वना र न्यानोपनले स्पर्श गरेको छ । पाहुनाहरू सन्तुष्ट होऊन् भन्ने उनीहरूको चाहना र समर्पित सहकार्यले विश्वास, आत्मीयता र खुसीको वातावरण सिर्जना गरिरहेको छ ।

उनीहरूको आपसी समझदारीले यो यात्रा सफल भइरहेको महसुस हुन्छ। यो नदीको प्रवाहजस्तो सहज र निरन्तर अघि बढिरहेछ। उनीहरूले देखाएको आत्मीयताले सम्बन्धलाई अझ बलियो बनाइरहेको छ। यसले नेपाली आतिथ्यको वास्तविक सौन्दर्य उजागर गर्दै छ। यो यस्तो यात्रा हो, जसले बाहिरी परिप्रेक्ष्यभन्दा बढी अन्तरात्माको गहिराइमा पुग्ने अनुभव दिन्छ।

उनीहरू भनिरहन्छन्, "दाइ, तपाईंलाई के खान मन छ, भनिदिनुहोला है !"

उनीहरूको मित्रवत् स्वभाव र आत्मीय हेरचाहले मलाई गर्व र खुसीको अनुभूति गराएको छ। यस्तो समर्पित टोलीसँग यात्रा गर्न पाउनु मेरो लागि वास्तवमै सौभाग्य हो।

म विनाहिच्चिकचाहट फर्माइस गर्छु- एक कप दूध कफीको। दूध कफी मेरो प्रिय पेय पदार्थ, जसको तातो र मीठो स्वादले मलाई खास सान्त्वना दिन्छ।

शुकमानले कफी तयार पारिदिन्छन्। जुलाई महिनाको तिब्बतको हल्का चिसोमा तातो कफी सुर्क्याउँदा मेरो शरीर र मस्तिष्क दुवैलाई आराम मिल्छ। मानसिक शान्ति र ऊर्जाले भरिएको महसुस गर्छु।

कफी पिएपछि वायु पिउन बाहिर निस्कँदै गर्दा होटलको लबीमै भेटिन्छन् पेम्पा। उनी पनि पाहुनाका सहजताका खातिर डटेर लागिपरेका छन्। उनका साथ केही बेर बिताउन चाहन्थें, तर संवादको मौका मिलिरहेको थिएन। यसैबीचमा म सागाको रहनसहन र संस्कृतिका बारेमा आफ्नो जिज्ञासा राख्ने अवसर पाउँछु।

उनी भन्छन्, "सागामा बौद्ध धर्मको गहिरो प्रभाव छ। यहाँका गुम्बा र धार्मिक स्थलहरूले अझै पनि स्थानीयहरूको जीवनशैलीलाई मार्गनिर्देशन गरिरहेका छन्।"

सागाको महत्त्वबारे उनका शब्दहरूले यो सहरलाई नयाँ दृष्टिकोणले हेर्न प्रेरित गर्छ मलाई। इतिहास, धर्म र संस्कृतिको सङ्गम सागा अहिले

एउटा पर्यटकीय केन्द्र बनेको छ । उति बेला सागा व्यापार मार्गको महत्त्वपूर्ण केन्द्र भएको हिजै बताएका थिए उनले। सागाले नुन र ऊन व्यापार गर्ने भएकोले दक्षिण एसियाका नेपाललगायत विभिन्न क्षेत्रहरू तिब्बतसँग जोडिएका थिए। पेम्पाका कुरा सुन्दा पुराना दिनमा सागा हुँदै हिमालको कठोर भूभाग पार गरी मालसामानका साथ यात्रा गर्ने नेपाली व्यापारीहरूको काल्पनिक चित्रहरू मेरो आँखासामु आउँछन् ।

पेम्पाले भनेअनुसार यहाँका स्थानीय ल्होसार (तिब्बती नयाँ वर्ष), सागा दावा (बुद्धको जन्म, ज्ञान प्राप्ति र निर्वाण प्राप्त गर्ने दिन) जस्ता चाडपर्व धुमधामले मनाउँछन्। सागाले मलाई भौतिक जीवनभन्दा परको आध्यात्मिक यात्राको महत्त्व बुझाउँछ ।

सरल र शान्तप्राय: प्रतीत हुन्छ सागाको जनजीवन । यहाँ निर्मित नयाँ संरचनाहरूले पनि पारम्परिक तिब्बती शैलीलाई पछ्याएका छन् । यसले परम्परागत तिब्बती संस्कृति र आधुनिकताबीचको सुन्दर समन्वयलाई प्रकट गर्छन्। तिब्बतको जीवनका साधारण तर महत्त्वपूर्ण पक्षहरूलाई नयाँ दृष्टिकोणबाट हेर्न मद्दत पुऱ्याउँछ ।

डिनरमा हामी फेरि सबैजना डाइनिङ हलमा भेला हुन्छौं। दिनभरिको विश्रामपछिको त्यो जमघटमा नयाँ ऊर्जा, उत्साह र ताजगीको आभास पाइन्छ। हरेकको मुहारमा उज्यालो छ। 'अगाडिको यात्राका लागि अब हामी तयार छौं' भन्ने सन्देश बुझ्न मलाई कठिन हुँदैन।

राधिकाको अनुहारमा पनि उचाइको छाया हराउँदै गएको महसुस गर्न सकिन्छ। उनको मुहारको कान्तिले मलाई मनमा एउटा अव्यक्त आश्वासन दिन्छ- 'अब सबै ठीक हुनेछ ।'

डिनर सकेपछि सरोज र पेम्पाले पालैपालो भोलिपल्टको यात्राका लागि ब्रिफिङ दिन्छन् ।

सबैभन्दा पहिले सरोज अगाडि सर्दै आफ्नो शिष्ट शैलीमा भन्छन्, "कृपया तनाव नलिनुहोस्, अत्यधिक उत्साहित पनि नहुनुहोला, आफूलाई अरूसँग तुलना नगर्नुहोस् ! 'उसले त सक्छ भने म किन सक्दिनँ ?' भन्ने सोच पनि नराख्नुहोस् । यो यात्रामा सहकार्य आवश्यक छ ।"

व्यावहारिक लाग्छन् उनका शब्द र शैली ।

त्यसपछि पेम्पा आफ्नो सटिक जानकारी प्रस्तुत गर्न अगाडि आउँछन्, "भोलिको मानसरोवर बसाइ सामान्य हुनेछ । किनकि हामी धर्मशालामा बस्दै छौँ । बास बस्ने कोठा त ठीकै छ तर शौचालयको अवस्था अत्यन्तै नाजुक छ । बरु ओपन ट्वाइलेट गर्दा हुन्छ ।"

पेम्पाका अनुसार धर्मशालामा तातो पानीको व्यवस्था छैन । चिसो मौसममा पानी जम्ने भएकोले ट्वाइलेटमा फ्लसिङ गर्न सकिन्न । फ्लसिङ नहुने भएपछि ट्वाइलेट हुनुको के अर्थ !

यात्रा भनेको गन्तव्यमा पुग्ने कुरामात्र होइन, बाटोमा सिकिने अनेकौं पाठहरूको सँगालो पनि हो । मानसरोवरको साधारण अवस्थालाई मनमनै स्वीकार गर्दै म मानसिक रूपमा आफूलाई तयार पार्छु । यात्रा भनेको मनलाई सन्तुलनमा राख्ने मौका पनि हो ।

पेम्पाले बिदा माग्दा साँझ ढलिसकेको हुन्छ । सडकमा गाडीको आवागमन कम भएकाले सागाको वातावरण शान्त र स्थिर बन्छ। बाहिर हल्का चिसो छ । चञ्चल वायुले रातलाई पनि एक प्रकारको प्रशान्तता दिन थाल्छ। उचाइले सामान्य थकाइको महसुस गराएको भए पनि शान्त परिवेशमा मन भने हलुका लाग्छ र बिस्तारै आफ्नै लयमा गहिरिँदै जान्छ सागाको रात ।

मौन सरोवरमा आध्यात्मिक विम्ब

प्रत्येक कुनाकाप्चा आफ्नै कथा बोल्छन्, हरेक डाँडा र थुम गुनगुनाउँछन्, नदीनाला बग्दै जीवनका गहिरा गाथा सुनाउँछन् र तालहरू आफ्ना रहस्यहरू पोख्छन्। यी सबै आवाज महसुस गर्नका लागि सुनिदिने मन चाहिन्छ।

अघिल्लो साँझ सरोजले ब्रिफिङमा भनेअनुसार दिनको प्रारम्भसँगै ब्रेकफास्टका लागि 'जोय होटल' को डाइनिङ हलमा हाजिर हुन्छु।

सागादेखि मानसरोवरको दूरी ४८० किमि छ। फेरि बास बस्नका लागि ताललाई फन्को मार्दै अर्को छेउ पुग्नुपर्छ। लगभग ५६० किलोमिटर पर छ हाम्रो गन्तव्य। जति छिटो सागा छोड्न सकिन्छ, उति नै सजिलो हुन्छ भन्ने आशय थियो उनको।

बिहान ७:३० बज्दा छाडिन्छ सागाको होटल ।

सागाको आकाशले रातिदेखि नै सिमसिमे गीत गाइरहेको थियो। 'रेन सेडो क्षेत्र' हो- तिब्बत। हाम्रो नेपालको मुस्ताङसँग धेरै समानता भएकोले पानी पर्ला भन्ने अपेक्षा गरेको थिइनँ।

'जी-२१९ सडक मार्ग' समातेको बस लाग्छ उकालो।

निरन्तर वर्सिरहेका छन् पानीका थोपा। गाडीको झ्यालबाट बाहिरका दृश्य हेर्दा आकाशमा मेघको घेरा तीव्र हुँदै गएको देखिन्छ। तिब्बतको मौसम असामान्य र अप्रत्याशित हुँदैन भन्ने सुनेको थिएँ तर आजको

मौसमलाई देख्दा त्यो कुरा गलत हो कि भन्ने लाग्छ मलाई। कतै दिनभर आकाशले आँसु झारिरहने त होइन ? चिन्ता चुलिन्छ मेरो मनमा।

बसमा सवार सहयात्रीलाई हेर्छु। चिन्तारहित प्रतीत हुन्छन् उनीहरू। सोच्छु, जब प्रकृति आफ्नै तरिकामा हिँडिरहेको छ भने, ममात्रै चितिन्त हुनुको अर्थ के ! सान्त्वना दिन्छु आफैँलाई।

गुडिरहेको बसमा अचानक ब्रेक लाग्छ। पहाडको घुमाउरो सडकमा बसहरूको लामै लाइन बनेको छ। पानी परेको कारणले बगेको माटो सडकको किनारामा थुप्रिएको रहेछ। डोजरलाई माटो पन्छाउन आधा घण्टा जति लाग्छ। बाटो खुल्नासाथ बसले गति लिन थाल्छ।

पहाडका असङ्ख्य घुम्तीहरू पार गर्दै बसले उचाइ लिन्छ।

सहयात्रीहरू कोही झ्यालबाट बाहिरको दृश्य हेर्दै छन् त कोही वरपरको प्राकृतिक सौन्दर्यलाई आआफ्नो क्यामेरामा कैद गर्दै। कोही भने यात्राको उत्साहमा त्यत्तिकै रमाइरहेका छन्।

पहाडको टुप्पामा पुगेको सडक ओरालिँदा बिदा लिन थाल्छ वर्षाले र बिस्तारै नीलो बन्छ आकाशको रङ।

म चालककै पछाडिको सिटमा छु। उनले स्टियरिङ घुमाएजस्तै म नजर घुमाउँदै बाहिरका दृश्यलाई आत्मसात् गर्न थाल्छु।

हरिया घाँसे मैदानमा बसेका केही साना बस्तीहरूले यस क्षेत्रको शान्त र सहज जीवनको दृष्टान्त दिन्छन्। बस्तीहरूले प्राकृतिक वातावरणसँग अटुट सम्बन्ध राख्दै त्यहाँको जीवनलाई सरल र स्वाभाविक बनाएका छन्।

हरिया भूमि र पहाडका शिखरहरूले झन् झन् सुन्दर दृश्य प्रस्तुत गर्छन्। उज्यालोमा प्रकृतिको मिठास नै बेग्लै ! रमणीयताको गहिराइमा पौडिन थाल्छ मेरो मन।

मैदानमा ओर्लेको बसले बिस्तारै ४,५६५ मिटर उचाइमा पुगेर क्षणभरका लागि थामिएजस्तो हुन्छ र फेरि लाग्छ ओरालो।

सरल रेखामा अगाडि बढिरहेछ यात्रा।

बरफले सिउँदो कोरिएका वरपरका पहाडका सौन्दर्यले मनै लोभ्याउँछन्।

फेरि आउँछ अर्को उचाइ- सागा ला, ४,७२५ मिटर। भन्ज्याङका चारैतिर लहराइरहेका छन्, बौद्ध ध्वजापताका। ती ध्वजाहरूको उज्याला रङले आकाशको नीलोसँग मिलेर अद्भुत कोलाज सिर्जना गर्दैछन्।

थुम थुम हुँदै मैदानसम्म खेल्न आइपुगेका छन्, बादलका छाया। लाग्छ- ती पनि हाम्रै सहयात्री हुन्। सम्भनलायक बन्छन् धुमालधुमुल खेल, हिमालको शान्ति र खुला मैदानको गहन रहस्य।

हामी पूर्वबाट पश्चिमतर्फ अगाडि गुड्दै छौँ। अग्ला कदका हिमालहरू पनि होचा देखिन्छन्। विशाल पठारहरूको अनन्त विस्तारले हिमालहरूको कदलाई पनि मुठार्दो रहेछ।

विशाल फाँटमा चौँरी, च्याङ्ग्रा र भेडाहरू झुन्ड झुन्ड भएर चरिरहेका छन्। तिनीहरूको चाल अनुमान गर्न सकिन्न। बादलको संसार आकाश भनेझैँ तिनीहरूको संसार हो पठार। तिनै चौँरी, च्याङग्रा र भेडा तिब्बतको जीवन, संस्कार र आर्थिक क्रियाकलापका जीवन्त प्रतिविम्ब हुन्। यिनकै ऊनबाट निर्मित पछ्यौरा र गलबन्दीजस्ता सामग्रीहरू संसारभर पुग्छन्।

एकोहोरो बसयात्राले सिर्जना गरेको आलस्यले होला, सहयात्रीहरू सबै गहिरो निद्रामा छन्। मेरा आँखा पनि लोलाउन खोज्छन् तर म निद्रालाई जित्ने प्रयास गर्छु। तर आरामदायी बसको मन्द गतिले भने मेरो प्रयास कमजोर बन्दै जान्छ। अगाडिका दृश्यहरू याद हुँदैनन्।

अचानक बस घ्याच्चै रोकिन्छ।

झसङ्ग भएर ब्युँझिन्छु।

तत्कालै झ्यालबाहिर हेर्छु- सुनसान घाँसे मैदान, मौनताले ढाकेको विशाल भूभाग र क्षितिजसम्मको शून्यताले मेरो मनलाई एकछिन स्तब्ध बनाउँछ।

चालक सिटबाट उठ्दै परिचित स्वरमा भन्छन्- “ट्वाइलेट टाइम!”

म पनि बसबाट बाहिरिन्छु । ठन्डा हावा र निर्जन सौन्दर्यले मेरो मनलाई गहिरो भावनाले भरिदिन्छ ।

सामुन्ने फैलिएका फराकिला पठार उस्तै देखिन्छन्। थुम्का परेका पहाड र आकाशमा अल्झिएका सेता बादल पनि उस्तै । तर यस निर्जनतामा एक विशेष प्रकारको सौन्दर्य छ। भूदृश्यहरू दोहोरिएजस्तो लागे पनि ती प्रत्येकले आफ्नै कथा भन्न खोजेजस्तो लाग्छ । म यी मौन दृश्यहरूलाई अवलोकन गर्दै समय र स्थानको गहिरो अर्थ महसुस गर्न थाल्छु ।

तिब्बती पठारको शान्त वातावरणले मेरो मनलाई स्थिरता प्रदान गरेजस्तै ती अतीतका यादहरूले मेरो हृदयमा नयाँ तरङ्ग थपिरहेका छन्। यो अद्वितीय भूगोल र हामीले सामना गरिरहेका यी क्षणहरूले जीवनलाई गहिरो अर्थ दिन्छन् ।

सागामा छोडेको यार्लुङ चाङ्पोलाई डोङ्बा हुँदै अगाडि बढ्दा भेटिन्छ। नदीको सतहमा फैलिएको नीलो आकाशको प्रतिविम्बले यसको सौन्दर्यलाई अरू बढी उजिल्याउँछ ।

राजेश भन्छन्, “डोङ्बाबाट नजिकै छ हाम्रो मुस्ताङ जिल्ला ।”

चीनले ‘जी-२१९ सडक मार्ग’ सित नेपालको मुस्ताङ जोड्ने सडक उहिल्यै बनाएको हो ।

म सोच्छु- यो यात्रातालिकामा मुस्ताङस्थित ‘कोरा ला’ (४,६६० मिटर) नाकाबाट प्रवेशको व्यवस्था मिलाउन सके सोही दिन यात्रुलाई मानसरोवरसम्म सहजै पुऱ्याउन सकिन्थ्यो । यसले यात्राको अवधि छोट्याउनुका साथै उचाइसँग अनुकूल हुन यात्रुहरूलाई सहज हुने थियो ।

लोमान्थाङ (३,८४० मिटर) भित्तापर्खालले घेरिएको मध्यकालीन सहर हो। यहाँ भएका प्राचीन गुम्बा तथा अद्वितीय भूपरिदृश्यका कारण विश्वभर ख्याति कमाएको छ । पर्यटकलाई यहाँका महत्त्वपूर्ण सम्पदा अवलोकन गराउन सकिन्छ। यसरी कैलाश यात्रालाई धार्मिक यात्रामा मात्र सीमित नराखी प्राकृतिक, सांस्कृतिक र ऐतिहासिक यात्राको अनुपम संयोजन बनाउन सकिन्छ ।

यस मार्गलाई व्यवस्थित गर्न सके मुक्तिनाथ तथा दामोदर कुण्ड (४,८९० मिटर) जस्ता नेपालका पवित्र स्थलहरूलाई समेत समावेश गरेर आकर्षक धार्मिक तथा सांस्कृतिक यात्रातालिका बनाउन सकिन्थ्यो।

यी दुवै धार्मिक महत्त्वका हिसाबले अत्यन्त पवित्र र प्राकृतिक सौन्दर्यले रमणीय गन्तव्य हुन्। यी क्षेत्रको संयोजनले एकातिर तीर्थयात्रीलाई नेपालभित्रै आध्यात्मिक अनुभव प्राप्त गर्ने अवसर दिलाउन सकिन्छ भने अर्कोतिर नेपालको धार्मिक पर्यटनलाई अभूतपूर्व रूपमा प्रवर्द्धन गर्न सकिन्छ। यो मार्ग सञ्चालनमा ल्याउनु भनेको हाम्रो हिमाली क्षेत्रको समग्र आर्थिक विकासको ढोका पनि खोल्नु हो।

जापानका एक भिक्षु एवम् प्रसिद्ध अन्वेषक एकाई कावागुचीले सन् १९०० मा यही क्षेत्र हुँदै मानसरोवरको यात्रा गरेको ऐतिहासिक तथ्यले पनि यस मार्गको प्राचीनता र महत्त्व दर्साउँछ।

कोराला नाका खोल्ने विषयमा चीनसँग पहल गर्न/गराउन हामी व्यवसायीहरूले पटक पटक आवाज उठायौँ। तर दुःखको कुरा नेपालको कुनै पनि सरकारले यस्ता दूरगामी लाभ दिने योजनालाई प्राथमिकतामा राखेनन्। नेपाल र तिब्बतबीचको सांस्कृतिक, पर्यटकीय र आर्थिक सम्बन्धलाई नयाँ उचाइमा पुऱ्याउन सक्ने यस्तो अपार सम्भावना बोकेको मार्गलाई उपेक्षा गरेर नेपालको पर्यटन विकासका ढोका बन्द गरिरहेका छौँ। यो जस्तो विडम्बना अरू के होला?

अगाडि आउँदै गरेको बस्तीलाई देखाउँदै सरोज भन्छन्- "अहिले हामी पारयाङ आइपुगेका छौँ। शिगात्से क्षेत्रको ल्होड्बा काउन्टीमा अवस्थित एउटा सानो बस्ती हो यो।"

सुरु सुरुमा कैलाश यात्रा चल्दा हालको जस्तै कालोपत्रे सडक थिएन। सडक कच्ची र यात्रा कठिन हुने त्यो बेला पारयाङले यात्रुका लागि रात बिताउने ठाउँको रूपमा सेवा गरेको थियो। सडक कालोपत्रे भएपछि ओझेलमा पऱ्यो पारयाङ।

राजेश थप्छन्- "पारयाङले मलाई पुराना दिनहरूको सम्झना दिलाउँछ। मैले गन्तव्यमा पुग्न धैर्य, सहनशीलता र प्रकृतिसँग सामञ्जस्य गर्न पारयाङबाटै सिकेँ।"

"यहाँका भोटे कुकुर त डेन्जर नि, दाइ !" उनले ठट्टा मिसाउँदै भन्छन्।

थपे- "ओहो ! पहिले पहिले यहाँ क्याम्पिङ गर्दा हामीलाई कम्ता सकस हुन्थेन। कुकुरले त झम्टिहाल्थ्यो नि ! राति पिसाब फेर्न निस्कँदा टोक्छ कि भनेर डरले तीनचार जना मिलेर मात्र निस्कनुपर्थ्यो। हातमा लाठो देखेपछि भुक्थ्यो मात्रै।"

उनको कुराले सङ्घर्षका ती दिनहरूको स्पष्ट झल्को दिन्छ। कुकुर सितको भय, सतर्कता र क्याम्पिङको साहसिकता आजका दिनमा हास्यपूर्ण स्मृतिमा बदलिएका छन्। एकादेशको कथाझैं लाग्ने यस्ता विगत सुन्दा जो कोही नहाँसी रहन सक्दैन।

सङ्घर्ष र साहस मिसिएको यो अनुभवले उनको भोगाइलाई मात्रै होइन, यहाँको यात्रा र जीवनको यथार्थलाई पनि जस्ताको तस्तै झल्काउँछ। यसले प्राकृतिक सौन्दर्यसँगै आउने जोखिम र तिनलाई पार लगाउने मानवीय जुझारूपनको कथा बोल्छ। पारयाङसँग गहिरो सम्बन्ध थियो र अद्यापि छ उनीहरूको।

पारयाङ पार गरेपछि भजनमय हुन्छ बस।

श्यामलाल गाउन थाल्छन्-

ॐ नमः शिवाय,

नमः शिवाय,

हर हर भोले,

नमः शिवाय...

आफैँमा मिठो शब्दावली- 'ॐ नमः शिवाय'। 'ॐ' को उच्चारण ब्रह्माण्डको सर्वव्यापी ध्वनि मानिन्छ र यसले दिव्य शक्तिको आह्वान गर्छ। 'नमः शिवाय' ले भगवान् शिवको पवित्रतासँग सम्पर्क राख्ने विश्वास राखिन्छ। हिन्दू धर्ममा अत्यन्त महत्त्वपूर्ण र पवित्र। शिवजीको परम मन्त्र। पूजा र ध्यानमा प्रयोग गरिन्छ यो मन्त्र। बसमा सवार सहयात्रीहरू एकपछि अर्को गर्दै यो मन्त्र गाइरहन्छन्।

श्यामलाल बोल्छन्- "यो मन्त्रले ऊर्जा सञ्चार गर्छ र यसको उच्चारणबाट भक्तजनलाई मानसिक शान्ति प्राप्त हुन्छ।"

फेरि गाउँछन् अर्को भजन-

भोलेका डमरु डम डम बोले
बैल नदिया संग संग डोले
भोलेका डमरु डमडम बोले

पर्वत पे बैठे है आसन लगाए
धुनी रमाए और भष्मी लगाए
कौरवी अंग में त्रिशूल सोहे संग मे
गले कालिया डोले
भोलेका डमरु डम डम बोले...

'डम्' 'डम्' शब्द सुन्दा डमरुको गुञ्जन कानमा गुन्जिएझैँ लाग्छ मलाई। 'पर्वत पे बैठे हैं आसन लगाए' र 'कौरवी अंग में त्रिशूल सोहे संग मे' जस्ता शब्दहरूले गहिरो धार्मिक महत्त्व र आध्यात्मिक अर्थ दिन्छन्। डमरुको लयले प्रकृति र भक्तिका बीचमा रहेको गहिरो एकतालाई उजागर गर्छ। श्यामलालको आवाज र त्यसको चित्रात्मकता त्यसैको प्रतीकझैँ लाग्छ। म उनीहरूको यस यात्राको साँचो अर्थ अनुभव गर्छु- आध्यात्मिक जागरण र आन्तरिक शान्तिको खोजी।

घाँसे फाँटहरूबाट गुज्रँदै गर्दा श्रेया र लास्याको पनि सुमधुर आवाज गुन्जन्छ बसभित्र। बसभित्रको महोल झनै रमाइलो बन्छ।

अगाडि एउटा चेक पोस्ट देखापर्छ। गाडीहरूको लामो लामले समय लाग्ने निश्चित छ। प्रहरीहरू प्रत्येक गाडीभित्र छिरेर जाँच गरिरहेका छन्। हामी बसभित्र रुमलिएका छौँ। कोही झ्यालबाट बाहिर नजर दौडाउँछन्, त कोही बसको सिलिङतिर एकोहोरो हेर्छन्। म पनि मनमनै दिक्क मानिरहेको छु। मलाई पनि असह्य लाग्छ कहिलेकाहीँको पर्खाइ, तर के गर्नु !

अन्ततः एक जना प्रहरी हाम्रो बसमा छिर्छन्। उनी, "यी, अर, सान, सि, उ, ल्यू, छि, पा, च्यू, शि..." भन्दै यात्रुको टाउका गन्दै जान्छन्। इजाजत-पत्रमा भएको सङ्ख्या र बसको सिटमा भएको टाउकाको सङ्ख्या मिल्नुपर्दो रहेछ भन्ठान्छु म।

'अर श च्यू,' अर्थात् २८ पुग्नासाथ, उनी झिनो स्वरमा भन्छन्, "थ्याङ्क यु फर वेटिङ ! ह्याप्पी ट्राभलिङ !"

यति भनिसकेपछि त एक सर्को मुस्कान पनि फ्याँकिदिएको भए के जान्थ्यो होला है ! मेरो मनको प्रतिक्रिया।

तिब्बती पठार पार गर्दै बसले हामीलाई ५,२८० मिटर उचाइको मायुम लामा पुऱ्याउँछ। यो भन्ज्याङ परम्परागत मार्गमा पर्ने विन्दुपथ हो। यहाँबाट मानसरोवर र कैलाशतर्फ जाने मार्ग अझ स्पष्ट हुन्छ। टाढासम्म फैलिएको हिमशृङ्खला र तिब्बती भूपरिदृश्यले यात्रुलाई मन्त्रमुग्ध बनाउँछ।

बसभित्रको वातानुकूलनमा श्वास फेर्न कुनै समस्या छैन। मनमनैं सोच्छु- आजै सागाबाट पैदलमा यो उचाइसम्म आइपुग्नु परेको भए के मेरो शरीरले धान्न सक्थ्यो होला त ?

यही बेला कैलाश परिक्रमाका सम्बन्धमा हिरा धमलाले भनेका कुरा सम्झन्छु ।

उनले भनेका थिए- “मायुम लाबाट यात्रा सुरु गरी ब्राह्मपुत्रको मुहान, मानसरोवर, राक्षस ताल, कर्णालीको मुहान पुग्ने। त्यसपछि सतलज नदीको स्रोत, तीर्थपुरी, सिन्धु नदीको मुहान पुगी बोन रि गुम्बासम्मको यात्रा गर्न सकिन्छ। यो पैदल यात्रा गर्न एक महिना लाग्छ। यसलाई पवित्र धार्मिक परिक्रमा अर्थात् महापरिक्रमा भनिन्छ।”

खर्च कति लाग्ला ? लाग्छ, मजस्तो आर्थिक अवस्था भएको यायावरले गर्ने यात्रा होइन होला यो ।

हावाको तालमा लहरिरहेका राता, नीला, हरिया, सेता र पहेँला लुङ्दरहरूले मायुम लामा रङ्गीन छटा थपेका छन्। सजधजहरूको चाल यस्तो लाग्छ- मानौँ, तिनले आकाशसँग संवाद गर्दै तिब्बती जीवनका अनौठा कथा सुनाइरहेका छन् ।

कैलाश देखिन्छ कि भनेर उत्साहित आँखा दौडाउन थाल्छु। कैलाश त पर छ, मभन्दा धेरै पर। तर बाक्लो बादलको पर्दाले लुकाएको छ। मायुम लाले कैलाश देखाउन नसके पनि हिमाली उचाइको गहनताको अनुभूति भने गराउँछ मलाई ।

फेरि बसको झ्यालबाट नजर नचाउँछु विशाल उपत्यकामा । यसै क्रममा सडकको देब्रे (दक्षिण) पट्टि देखिन्छ एउटा लामो ताल। तालभन्दा पर पहाड र पहाडभन्दा पर देखिन्छन्, हिमालका शृङ्खला ।

सरोज भन्छन्- “हनुमान ताल ।”

नामप्रतिको जिज्ञासा बढ्छ मेरो ।

स्थानीय भाषामा यसलाई ‘ग्याङ्ग्यु च्छो’ भनिन्छ। सुरुमा तिब्बत यात्रा चलाउने कम्पनीहरूले सजिलोका लागि यसलाई ‘हनुमान ताल’ भनेको होला भन्ठानेको थिएँ ।

नभन्दै हो रहेछ ।

"उः हेर्नुस् त !"

अलि अगाडि पुगेपछि 'ग्याङ्ग्यु च्छो' को किनारमा रहेको चट्टानी पहाड देखाउँछन् सरोज ।

त्यहाँका केही चट्टान हनुमानको आकृतिसँग मेल खाएका जस्ता लाग्छन् । ती चट्टानहरूलाई नियालेर हेर्दा लाग्छ, प्रकृति आफैंले 'हनुमान देवताले यो तालको रक्षा गरिरहेको छ' भनेर आफ्नै कथा कोरिदिएको हो ।

यही कारणले नेपालीहरूले यसको नाम 'हनुमान ताल' राखेको बुज्दा मेरो मनमा गर्वको भावना जाग्छ । हामी नेपाली ठाउँको विशेषता र मिथकसँग जोडेर नाम राख्न सिपालु छौं ।

"यो तालको पानी पिउन योग्य छैन," जानकारी गराउँछन् पेम्पा ।

"किन त ?" म सोध्छु ।

"यसमा पानीमा विभिन्न रासायनिक तत्त्व र विषालु वनस्पतिहरू मिसिएको हुन्छ । यो पानी पिएमा पेट सुन्निन सक्छ र मानिसको ज्यानसमेत जान सक्छ," उनी जवाफ दिन्छन् ।

सोच्छु- कुनै दिन चीनले हनुमान तालबाट रासायनिक पदार्थ निकालेर उपयोगिता लेला सायद ।

हनुमान ताललाई छाडेर अगाडि बढेपछि नजरमा पर्न आउँछ, अर्को ताल ।

तिब्बती नाम- मापाङ युम्छो र संस्कृत नाम- मानसरोवर। मानसरोवरले एकोहोरो तानिरहन्छ सबैका आँखा । सबैले आआफ्नो क्यामरामा विम्ब उतार्छन् मानसरोवरको ।

'सृष्टिकर्ता ब्रह्माले संसारको सृष्टि गर्दा नै देवताहरूका लागि स्नान गर्न बनाइदिएका रे' भन्ने पढेको थिएँ धार्मिक कथाहरूमा ।

मानसरोवरको नजिकै पुगेर रोकिन्छ हाम्रो बस ।

बढीमा १०० मिटर मात्र पर होला यसको किनार ।

मेरो मनमा मानसरोवरको स्रोतबारे गहिरो जिज्ञासा उब्जिन्छ ।

यसै सन्दर्भमा सरोजले आफ्नो औँला सरोवरको दक्षिणतर्फ उभिएका हिमालहरूतर्फ घुमाउँदै भन्छन्, "सरोवर तालको पानीको मुख्य स्रोत गुरला मान्धाता हिमनदीबाट बग्ने पानी हो ।"

नेपालको उत्तर-पश्चिमी सिमाना नजिक छ- गुरला मान्धाता हिमाल । ७,७२८ मिटर अग्लो गुरला मान्धाता र त्यससँगै कुम जोडर उभिएका अन्य शृङ्खलाहरू पनि समय र प्रकृतिको अमर गान गाइरहझैँ लाग्छन् ।

सरोज भन्छन्- "पौराणिक कथाअनुसार भगवान् रामको वंशका राजा मान्धाता एक महान तपस्वी थिए। उनी धर्म, तपस्या र संयमका प्रतीक मानिन्छन्। उनले आध्यात्मिक मुक्ति खोज्दै मानसरोवर तालसम्मको यात्रा गरे र तपस्याका लागि त्यस पर्वतचुली (गुरला मान्धाता) मा बसे । त्यसपछि नाम रह्यो- गुरला मान्धाता। राजा मान्धातालाई सबैभन्दा पहिले मानसरोवर पुगेको भन्ने विश्वासका साथ स्मरण गरिन्छ ।"

सरोज फेरि सरोवरको उत्तरपूर्वी दिशातर्फ औँल्याउँदै अर्को हिमाल देखाउँदै भन्छन्, "उः त्यो चाहिँ बोन रि। त्यहाँबाट बग्ने खोलानाला पनि यसैमा विलीन हुन्छन् ।"

जसरी उत्तर र दक्षिणबाट बग्ने पानीहरू एउटै तालमा मिसिएर शान्ति र सौन्दर्यको प्रतीक बन्छन्, त्यसरी नै धर्मावलम्बीहरू पनि विभिन्न दिशाबाट यहाँ आइपुगेका छन्। सबैको उद्देश्य शान्ति र पूर्णताको गहिरो तालमा समाहित हुनु हो भन्ने लाग्छ ।

भव्य सरकारी भवन छन् यहाँ । यहाँका भवनहरूले मानसरोवरको संरक्षण गर्न, यसलाई व्यवस्थित बनाउन र तीर्थयात्रीहरूको सुविधा सुनिश्चित गर्न गरिएका प्रयासहरूलाई बिम्बित गर्छन् ।

४,५९० मिटर उचाइ, फराकिलो पठार र चारैतिरको वातावरणले अपूर्व अनुभूति दिलाउँछ यहाँ जो कोहीलाई ।

बाफ् रे, तालको विशालता !

अचम्मित हुन्छु म ।

प्रकृतिको सुन्दर गहनाजस्तै लाग्छ मलाई मानसरोवर । शब्दमा वर्णन गर्नै नसकिने ।

"यति सुन्दर धर्ती हाम्रो किन हुन सकेन ?" आफैँलाई सोध्छु म ।

फेरि सोध्छु सरोजलाई- "कति छ यसको परिधि ?"

"८२ किलोमिटर," जवाफ दिन्छन् ।

झलमल्ल उज्यालो छ तर ७ बजिसकेको छ । तालको पल्लो छेउ पुग्न अझै बाँकी छ ।

ताल परिक्रमा गर्न स्थानीय अधिकारीसँग अनुमति लिन्छन् पेम्पा र तत्कालै सुरु हुन्छ मानसरोवरको परिक्रमा ।

तालको किनारैकिनार कोरिएका सडक रेखामा कुद्दै छ हाम्रो बस । तालको सौन्दर्यलाई गहन बनाउने ठाउँठाउँका सुन्दर स्तूप र स्मारकहरू आँखामा ठोक्किन आइपुग्छन् । ती पवित्र स्मारकहरूमा टाँगिएका प्रार्थना झन्डाहरूले हावासँग ठुम्का लगाउँदै यो पवित्र भूमिमा प्रवेश गर्ने सबैलाई स्वागत र शुभकामना दिइरहेझैँ लाग्छ ।

तालको किनारमा तीर्थयात्रीहरू दीप प्रज्वलन र प्रार्थनामा मग्न देखिन्छन् । लाग्छ, उनीहरू प्राकृतिक सौन्दर्यले पूर्ण मानसरोवरमा आध्यात्मिक गहिराइलाई छुँदै छन् ।

करिब ६५ किलोमिटर यात्रा गरेपछि ठुगु गुम्बा नजिकै पुग्छौँ । यस्ता गुम्बा आठवटा रहेछन् सरोवरको किनारामा । चालकलाई बस रोक्न लगाउँछन् पेम्पा । बेलुकाको ८:३० बजेको छ त्यति बेला ।

उत्तर-पश्चिममा देखिएको कैलाश पर्वत अब उत्तरतर्फ ठाडै उभिएको देखिन्छ । कैलाशको त्यो अवस्थिति आकाश र धर्तीलाई आफ्नो सामर्थ्यले हाँक दिएजस्तै लाग्ने ।

तिब्बतीहरू कैलाशपट्टि फर्केर छ्याकछेल गर्दै श्रद्धा अर्पण गरिरहेका छन् । छ्याकछेल- अर्थात् नमस्कार गर्दै शरीरलाई झुकाएर घुँडा टेकी

निधारले धर्तीमा छुवाउने काम। व्यक्तिको आन्तरिक विनम्रता, धर्ती र दिव्य शक्तिहरूसँगको गहिरो आध्यात्मिक सम्बन्धको प्रतीक हो- छ्याकछेल।

बसबाट उत्रिनासाथ केही यात्रु मानसरोवरको पवित्र पानी छर्कँदै मन्त्र वाचन गर्न थाल्छन्। तिनका वाचन मानसरोवरको प्राकृतिक सङ्गीतमा मिसिन्छ।

मौन छ सिङ्गो मानसरोवर, तरङ्गहरू उठिरहेका छन्। ती तरङ्गलाई ध्यानपूर्वक नियाल्छु र एक ठूलो ज्वारको लहर महसुस गर्छु, आँखाले होइन मनले। 'मानस' को अर्थ आत्मा हुन्छ। यस सरोवरको अदृश्य ऊर्जालाई आत्माले मात्र महसुस गर्न सकिएला। हिन्दू, बौद्ध र जैन धर्मका अनुयायीका लागि एक पवित्र तीर्थस्थल भएकाले यसमा उठ्ने प्रत्येक तरङ्गले शान्तिको लहर ल्याउने झल्कन दिन्छ।

मानसरोवरमा राजहाँस पनि पौडिरहेका हुन्छन् भन्ने सुनेका थिएँ तर यति बेला देखिन्नन् ती। राजहाँस प्रवासी चरा भएकाले सायद अन्य स्थानतिर सरेका हुनसक्छन्। वा कुनै किनारमा बसेकाले मेरो नजरमा नपरेको पनि हुनसक्छ।

हाम्रो समूहका सहभागीहरू आआफ्ना ध्येय र भावनासँग तालमेल मिलाउँदै सरोवरको पवित्र जल स्पर्श गर्छन्। श्रद्धा र आध्यात्मिकता मिश्रित एउटा गहिरो भाव झल्कन्छ उनीहरूको अनुहारमा। आआफ्नै ढङ्गले यो क्षणलाई आत्मसात् गरिरहेका छन् अन्य थुप्रै तीर्थयात्री।

सरोवरले कैलाश पर्वत र वरपरका पहाडहरूको प्रतिविम्ब सजाएको छ। श्यामलालसँगै उभिएका तीर्थयात्रीहरूको आध्यात्मिक प्रतिविम्ब पनि देखिन्छन्। ती दृश्यहरूसँगै म आफ्नै अस्तित्वको एउटा गहिरो प्रतिविम्ब देख्छु। त्यही क्षण समर्पण र शान्तिका प्रतीकहरूको छाया मेरो मनको गहिराइमा प्रवेश गर्न खोज्छन्। लाग्छ, यी सरोवरका शान्त तरङ्गहरू मभित्रका अनुत्तरित प्रश्नहरूको उत्तर खोजिरहेका छन्।

तीर्थयात्रीहरू आआफ्ना भाँडामा पवित्र जल भर्छन्।

साँझको ८ बज्दा घामले मानसरोवरमा अन्तिमपटक स्नान गर्दै छ।

"लेट्स गो, लेट्स गो !" हतारिन्छन् पेम्पा।

सरोवरलाई बिस्तारै पछाडि पार्दै बस उकालो लाग्छ तृणहीन थुमतर्फ। थुमको थाप्लोमा पुग्दा आकाशमा सुनौलो र रातो रङको अनुपम खेल बाँकी राखेर सूर्य पश्चिम क्षितिजमा डुबिसक्छ।

यहींबाट देखिन्छ अर्को अनौठो ताल- स्थानीय भाषामा लाङ्गा च्छो र नेपालीमा राक्षस ताल। लाङ्गा च्छोलाई थाक् च्छो अर्थात् विषको ताल पनि भनिन्छ।

सुनेको थिएँ- राक्षसताललाई नहेर्नू रे ! तर यहाँ आइपुग्दा यो सम्भव नै छैन। यो यही विन्दु हो, जहाँबाट दायाँतर्फ मानसरोवर र बायाँतर्फ राक्षस ताल दुवैको अनुपम दृश्य खुल्छ। फेरि सडक राक्षस तालकै किनारबाट जान्छ भने कसरी नहेरिरहन सकिन्छ र ?

नेपालको हुम्लाबाट कैलाश दर्शन गर्न यात्रीहरू राक्षस तालकै बाटो भएर आउनुपर्छ। कसरी नहेरी रहन सकिएला र !

करिब १० किलोमिटरको दूरीमा दुई विशाल ताल। एउटा ४,५९० मिटरको उचाइमा, शान्ति र पवित्रताको प्रतीक मानिने मानसरोवर र अर्को ४,५७५ मिटरमा, रहस्य र कठोरताको प्रतीक- राक्षस ताल। धार्मिक, सांस्कृतिक र पौराणिक महत्त्वका कारण दुवै ताल अद्वितीय। मानसरोवरको जललाई जीवनदायी मानिन्छ भने राक्षस ताल पिउन अयोग्य।

अलिक पृथक् छ, राक्षस तालको कथा।

पौराणिक कथाअनुसार रावणले भगवान् शिवलाई प्रसन्न पार्न अत्यन्त कठोर तपस्या गरेका थिए। यस क्रममा रावणले आफ्नो तपस्याका लागि कैलाश पर्वत र यसको वरपरका ठाउँहरूलाई उपयोग गर्नुका साथै रावण र भगवान् शिवबीचको संवाद भएको थियो। यही बेला रावणले पनि देवताहरूका लागि स्नान गर्ने मानसरोवरजस्तै सरोवर माग गरे। उनकै मागबमोजिम उत्पत्ति गराइएको रे लाङ्गा च्छोलाई। 'राक्षस' नाममा

रावणको प्रतीकात्मकता झल्किने भएकाले यो ताललाई सम्मानका साथ नहेर्ने र स्नान नगर्ने परम्परा छ ।

हामी मानिसको विचार र व्यवहार कहिलेकाहीँ कति विरोधाभाषी हुन्छ ! ताजुब लाग्छ मलाई । कैलाश तीर्थयात्रीहरू राक्षस तालसम्म पुगेर त्यहाँको सौन्दर्य हेर्ने तर त्यसको जललाई अशुद्ध भन्दै स्नान नगर्ने परम्परा आज पनि जीवित रहनु सुन्दर प्रकृतिमाथि कुनै पनि अर्थमा न्याय हुँदैन भन्ठान्छु म । एकातिर हामीले यसलाई 'राक्षस' नाम दिएर यसको अस्तित्वलाई नकारात्मक दृष्टिकोणले हेर्छौं भने अर्कोतिर यसको अद्वितीय प्राकृतिक संरचनाको प्रशंसा गर्छौं । यो द्वन्द्व त हाम्रो आफ्नै संस्कृति र मान्यताभित्रको प्रतिविम्ब होइन र ?

नेपालको रसुवास्थित भैरवकुण्डप्रति पनि यस्तै धारणा छ- हेर्न नहुने भन्ने । स्थानीय विश्वासअनुसार भैरवकुण्डमा नागराजको बास छ । विशेषगरी ठूलो भार्खु क्षेत्रका मानिसहरू बिरामी पर्दा झाँक्रीमार्फत नागपूजा गर्न/गराउन त्यहाँ पुग्छन् ।

उही भैरवकुण्ड कसैका लागि पूजा गर्ने पवित्र स्थल, त कसैका लागि दृष्टिबाट टाढै राख्नुपर्ने किन होला ? म बुझ्न सक्दिनँ ।

प्रकृतिले दिएको यस्ता उपहारको हामीले सही मूल्याङ्कन र उपयोग गर्न सकेनौँ भने सायद प्रकृतिले हामीलाई माफ नगर्ला कि ! बसले लाङ्गा च्छोको किनारमा पुऱ्याउँदै गर्दा यस्तै सोचिरहेछु म ।

मेरो दृष्टिमा सबै ताल धर्तीका गहनाजस्ता लाग्छन् ।

प्राकृतिक सम्पदाहरू निःसन्देह पर्यटकीय आकर्षणका केन्द्र हुन् । यिनलाई पर्यटकीय आकर्षणकै रूपमा विकास गर्दा राम्रो हुन्छ भन्ने लाग्छ ।

कैलाश यात्रा चलाउने 'इको ट्रेक' का विमल नहर्कीले एक पटक मसँग भनेका कुरा सम्झन्छु-

"वासुदेवन भन्ने एक मलेसियन नागरिक बर्सेनि कैलाश यात्राका लागि आउँछन् र राक्षस तालमा पूजा गर्छन् । उनी आफूलाई रावणका

सन्तति ठान्छन् । यो तालको कथा उनका पुर्खासित जोडिएकाले धार्मिक र सांस्कृतिक दृष्टिकोणबाट अत्यन्त महत्त्वपूर्ण हुने नै भयो । वासुदेवनका अनुसार राक्षस तालमा पूजा गर्दा उनी वंश र आत्मिक शान्तिको खोजी पनि गर्छन् । राक्षस तालको पवित्रता र शक्तिको अनुभूति गर्दा उनी आफूलाई आफ्ना पूर्वजसँगको सामीप्य महसुस गर्छन् ।"

'वासुदेवनले राक्षस तालको पानी पिउँछन्' पनि भनेका थिए विमलले ।

कोही त रहेछन् नि यो दुनियामा राक्षस तालको पानी पिउने ! राक्षस ताल विषको ताल हो भने उनलाई किन केही भएन त ? प्रश्न उब्जन्छ मनमा ।

पश्चिम नेपालका मस्टो धर्ममा धामीहरू यही राक्षस तालमा नुहाउन आउँछन् भन्ने पनि मैले उनीबाटै सुनेथेँ । राक्षस तालका चारवटा टापुका बारेमा विमलले मलाई सुनाएको कुरा दिमागमा अझै ताजा छ ।

उनले भनेका थिए, "जाडोमा यो ताल पूरै बरफले ढाक्छ । त्यस बेला बरफको सतहमा हिँडेर टापुहरूमा पुग्न सकिन्छ । कहिलेकाहीँ पर्यटक त्यहाँ पुग्छन् र रमाइलो गर्दागर्दै समय बितेको पत्तो हुँदैन । जाँदा त सजिलै जान्छन् तर फर्कने बेला घामको तापले बरफ पग्लिएपछि तालको सतह कमजोर भइसकेको हुन्छ । त्यो कुरा उनीहरूले हेक्का राखेका हुँदैनन् । पौडेर पार तर्न सम्भव हुँदैन । यसै क्रममा मानिस डुबेर हराएका उदाहरण पनि छन् रे । कतिपय त टापुमै मरे रे । देखीजान्नेहरू 'त्यहाँ अझै पनि मानव कङ्कालहरू भेटिन्छन्' भन्छन् ।"

विमलका शब्दहरूले म सोचमग्न बन्छु । राक्षस तालको अप्रतिम सौन्दर्यले जति मोहनी लगाउँछ, यसले लुकाइराखेको जोखिम पनि उति नै गम्भीर रहेछ । प्रकृतिसँगको साक्षात्कारमा यस प्रकारको जोखिमपूर्ण पाटो पनि समेटिन आउँदो रहेछ कहिलेकाहीँ ।

थुमबाट दुवै तालको दृश्यले मेरो मनमा एउटा गहिरो अनुभूति जागृत गर्छ । शान्त मानसरोवर र रहस्यमयी राक्षस तालको यो सहअस्तित्वलाई मैले प्रकृतिको अनुपम उपहारको रूपमा अनुभव गर्छु ।

किंवदन्तीको गुफा, शान्तिको पहाड

प्रकृतिको काखमा बिताइएका केही पलले मात्र पनि थुप्रै किताबमा पाइने ज्ञानभन्दा गहिरो अनुभूति दिन्छन् ।

मानसरोवरको उत्तरपश्चिम किनारमा अवस्थित धर्मशालामा बिताइयो, २१ जुलाईको रात । सुताइ साधारण किन्तु मानसरोवर ताल नजिकै रात बिताउनु आफैँमा अविस्मरणीय थियो ।

झम्के साँझमा आइपुगेका थियौँ हामी ।

"यो ठाउँको नाम के हो ?" सोधेथेँ पेम्पालाई ।

"गुम्बा" भनेका थिए उनले ।

"चिउ गुम्बा नामको गुम्बा यो धर्मशालाको पछाडि छ । त्यसैले यस स्थानको नाम गुम्बा राखिएको हो ।" थप जानकारी दिएका थिए उनले ।

अर्थात्, गुम्बाको धर्मशाला ।

अँध्यारोको साम्राज्यमा उनले भनेको चिउ गुम्बाको दर्शन पाएको थिइनँ मैले ।

लामा लामा टहराजस्ता लाग्ने पक्की संरचना । प्रत्येक कोठामा ४ देखि ६ शय्या र भान्छाका लागि छुट्टै व्यवस्था । प्रत्येक समूहलाई सहजतापूर्वक खाना पकाउन र खुवाउन सकिने । तीर्थयात्रीको सुविधाका लागि बनाइएको बास भएकोले धर्मशाला भनिँदो रहेछ ।

'धर्मशाला' भन्नासाथ मलाई नेपालको मनासलु पदमार्गको लार्के

बजारभन्दा परको धर्मशालाको सम्झना गराउँछ । हाम्रोमा त यत्तिको आरामदायी शय्या कहाँ पाउनु र ! यहाँ चाहिँ के छ कुन्नि, हाम्रोमा त वर्षैपिच्छे व्यवस्थापक परिवर्तन भइरहन्छन् । अनि त पूर्वाधार राम्रो गर्ने भन्दा पनि कमाउनेमा मात्र ध्यान हुन्छ ।

यद्यपि, यहाँको शौचालयको अवस्था भने चुनौतीपूर्ण । पूर्णरूपमा पारदर्शी शौचालय । फोहोर त्यत्तिकै । साँच्चै, गइसाध्ये रहेनछ ।

पेम्पाले भनेझैं म खुला शौचालयतिर आकर्षित भएको छु । ममात्र होइन, सबै अरू पनि । पुरुषलाई भन्दा पनि महिलालाई चाहिँ साँच्चिकै समस्या । एकजनालाई दिसापिसाब गर्नुपर्दा अरू चारपाँच जनाले लहरै उभिएर छेक्थे ।

कठै, बरिलै !

हैट, भो, कुरा नगरौं !

यहाँ शौच गर्नु भनेको हलिउड चलचित्र 'मिसन इम्पोसिबल' को लाइभ संस्करणजस्तै लाग्ने । चलचित्रमा नायकले खतरनाक अपराधी समात्छन्, समयमै बम निष्क्रिय पार्छन् र विश्वव्यापी षड्यन्त्र रोक्छन् । यहाँ हामी वरिपरिका मान्छेको नजर छल्छौं, सही ठाउँ भेट्टाउछौं, त्यो पनि समयमै ! फरक यत्ति नै हो ।

यो कुनै सामान्य अनुभव होइन; यो त साहसिक यात्राको एउटा अनौपचारिक अध्याय हो- जसलाई म 'ट्वाइलेट एडभेन्चर' भन्छु । यस्ता अनुभव कैद गर्न मिल्दैन र, त हरेक पर्यटकको मनमा अमिट स्मृति बनेर बस्छन् ।

बेलुकीको खाना खाएर ओछ्यानमा पल्टन पुग्दा रातको ११ बजिसकेथ्यो।

पेम्पा र सरोजले सहभागीहरूलाई शुभरात्री भन्नुअघि ब्रिफिङमा भनेका थिए- "भोलि बिहान हामी नुहाइधुवाइपछि पूजापाठ र नास्ता गरेर दार्चेनतर्फ प्रस्थान गर्नेछौं ।"

मध्यराततिर पिसाब फेर्न बाहिर निस्केथैं म।

शून्यताले भरिएको अनन्त आकाश, शान्त मानसरोवर र ताराहरू टिल्पिलाइरहेका।

आहा, क्या अद्‌भुत !

कुनै साधारण रात थिएन त्यो।

सुनसान रातमा तिनीहरूले कुनै सन्देश दिइरहेझैँ भान हुन्थ्यो, जस्तो कि- 'अँध्यारो भनेको यात्रा हो, अन्त्य होइन। तिमीभित्रको उज्यालो नै तिमीलाई गन्तव्यसम्म पुऱ्याउने मार्गदर्शक हो। हामीजस्तै टल्किरहनू, चाहे समय कति कठिन किन नहोस् !'

रातको त्यो सुनसान क्षणले दिएको सन्देश मलाई जीवनकै गहिरो पाठजस्तो लाग्यो। प्रकृतिको अँध्यारो र उज्यालोको यो खेल त केवल हाम्रो जीवनको प्रतिविम्ब हो। साँच्चै हरेक कठिनाइ केवल एउटा यात्रा हो, अन्त्य होइन। सोच्छु- चन्द्रमाको मधुर प्रकाशले अँध्यारो रातलाई उज्यालो पारेजस्तै मभित्रको आत्मविश्वास र साहसले कठिन समयलाई पार लगाउन सक्छ।

सिरेटोले मलाई आफ्नो बाहुपाशमा बेरेर यसरी शक्ति देखायो कि मेरो ज्याकेट छेडेर हड्‌डीसम्मै चिस्याएजस्तो लाग्यो। धेरैबेर टिक्नै सकिनँ। कम्ती चिसो त यस्तो, झन् साँच्चैको चिसो त कस्तो होला ! मनोलाप गरेथैं।

हतार हतार फर्केर ओछ्यानमा आइसकेपछि मेरो मनले गरेथ्यो सपनाको यात्रा।

सपनामा मैले मानसरोवरको शान्त पानीमा डुबुल्की मारेको रे। त्यहाँ कुनै हलचल थिएन न कुनै अशान्ति। मैले आफूलाई सरोवरको गहिराइमा हराएको पाएँ। सपनाको त्यो संसारमा म आफ्नो जीवनका सबै रहस्यहरूको उत्तर खोज्दै थिएँ।

हठात् ब्युँझिन्छु। बिहानको ६ बजेको रहेछ। सपना टुट्छ र मेरो

सामु उभिन्छ वास्तविकता।

धर्मशाला परिसरबाट बाहिर निस्किन्छु। सुकुमार वायुले मेरो गाला स्पर्श गर्दा झसङ्गिन्छु। मानसरोवरको किनारमै पुगेर गहिरो नजर बिछ्याउँछु।

यति बेला सरोवरको नीलो पानीमा खेलिरहेको छ बालसूर्यको झिलिमिली। दृश्यले मेरो मनलाई एक अप्रतिम शान्ति र आत्मिक शुद्धताको अनुभव गराउँछ। घामको उज्यालोले सरोवरमात्र होइन, मेरो मनलाई पनि उज्यालो बनाइदिन्छ। प्राकृतिक सौन्दर्यको उच्चतम रूप, जसमा म आफैँलाई हराएर एउटा अर्कै संसारको यात्रामा निस्किरहेको अनुभव गर्छु। विशेष लाग्छ यो पल, जति बेला प्रकृतिले मलाई आफ्नो गहिराइमा डुबाइरहेको छ।

"के यो वास्तविकता नै हो, कि म अझै सपना देख्दै छु ?" दृश्यले फेरि सोच्न बाध्य बनाउँछ मलाई।

एउटा तालमात्र होइन रहेछ- मानसरोवर, यो त सपना र जागरण एकैसाथ जीवन्त हुने कल्पना र यथार्थबीचको एक अद्भुत सङ्गम रहेछ। मानवीय कल्पनाभन्दा प्रकृतिको वास्तविकता अझै अद्भुत र अपूर्व हुँदो रहेछ। एकालाप गर्दै धर्मशालातर्फ फर्कन्छु म।

सरोज र राजेश धमाधम 'सावर पाल' गाड्दै छन्, महिला र पुरुषका लागि छुट्टाछुट्टै। बिहानदेखि ड्युटीमा हाजिर छन् उनीहरू। उचाइको हावाले नछुने उनीहरूलाई थकाइले पनि छुँदो रहेनछ। यात्रीहरूका लागि पानी तताउँदैछन् राजु र सुम्रे। शिशिर र गोकर्ण चाहिँ नास्ताका लागि पकाउनु पर्ने तरकारी काटकुट गर्दै। यात्रा नसकुन्जेलसम्म यसरी नै व्यस्त हुन्छन् उनीहरू।

"गुड मर्निङ दाइ !" भन्छन् मलाई।

"गुड मर्निङ," अभिवादन फर्काउँछु म।

मलाई मीठो अनुभूति हुन्छ, उनीहरूसँग साटिएको बिहानको पहिलो

अभिवादन। उनीहरूको मुस्कान र आँखामा टाँसिएको चाँदजस्तो चमकले नयाँ दिनको सुरुमात्र नभई मित्रता र सहयात्राको गहिरो अर्थबोध गराउँछ।

तालमा नुहाउन पाइन्न र?" म उत्सुकतापूर्वक सोध्छु सरोजलाई।

उनी गहिरो सास फेर्दै, एकछिन टाढा क्षितिजतिर हेरेर भन्छन्, "पहिलेपहिले त तालमै डुबुल्की मार्न पाइन्थ्यो दाइ! त्यो पवित्र पानीमा डुबुल्की मार्दा जस्तो आत्मिक शान्ति र पवित्रताको अनुभूति हुन्थ्यो, त्यो शब्दमा बयान गर्नै सकिन्न। तीर्थालुहरूले नुहाएपछि भित्री वस्त्र मानसरोवरको किनारमै छाड्थे। हाम्रो रसुवाको गोसाइँकुण्डमा त ढुङ्गाका कुनाकाप्चा भएका कारण ती वस्त्र लुकाउन सजिलो हुन्थ्यो। तर यहाँ..., यहाँ यस्तो खुला ठाउँमा ती वस्त्र यत्रतत्र छरिन्थे अनि हावाले तिनलाई उडाएर पर परसम्म पुऱ्याउँथ्यो। त्यो दृश्यले कता कता मनमा अप्ठ्यारो पनि लाग्थ्यो। व्यवस्थापनले अन्ततः तालमै नुहाउन प्रतिबन्ध लगाइदियो।"

उनी एकछिन चुपचाप बस्छन्, मानौँ स्मृतिका तरङ्गहरूले उनलाई फेरि त्यही पुरानो समयतिर फर्काइरहेको छ।

त्यसपछि हल्का मुस्कानसहित भन्छन्, "ऊ बेला त धर्मशाला पनि कहाँ थियो र! हामी यहीँ पाल गाडेर बस्थ्यौँ। अहिले हामी गुडिरहेको यो सडकको 'ट्र्याक' पनि कहाँ थियो र! गाडीहरू यी विशाल पठारहरूमा स्वतन्त्र रूपमा गुड्थे। त्यो बेलाको ट्रिप साहसिक र यायावर शैलीको हुन्थ्यो- अनिश्चित, तर रोमाञ्चक। हामीहरू यो ठाउँमा लहरै पाल टाँग्थ्यौँ। अहिले भने धेरै सुविधाहरू थपिएका छन्। सोच्दै छु, आगामी दिनमा यहाँ झन् सुविधाजनक होटलहरू पनि बन्लान्। तर ती पुराना दिन, ती असजिला तर अनमोल अनुभव, अनि अहिलेको शौचालयको अवस्था... ती सबै एकादेशका कथा बन्नेछन्।"

सरोजका यी शब्दसँगै मेरो कानमा अघिल्लो दिन पेम्पाले सुनाएको आवाज गुन्जिन्छ- 'अर्को सालबाट यहाँ हवाई सेवा सुरु हुन्छ रे!'

विगत केही वर्षमै यति धेरै परिवर्तन भोगेको कैलाश-मानसरोवरको यो आध्यात्मिक भूमिमा जहाजहरू ओहोरदोहोर गर्दा यहाँको स्वरूप कस्तो

होला ? निश्चय पनि तीर्थयात्री र पर्यटकका लागि सुविधा थपिनेछन् । बाटाघाटा र बस्ने होटल बन्नेछन् । म सोच्छु- के यो आधुनिक विकासको लहरले यहाँको मौलिक शान्ति र आदिम सौन्दर्यलाई अक्षुण्ण राख्न सक्ला त ?

उनका शब्दहरूमा मलिनता मिसिएको थियो । उनी बोल्दै गर्दा उनका आँखा पुराना दिनहरूको अनौठो तर प्रिय चित्र हेरेझैँ देखिन्थे । उनका अनुभूतिहरूले मलाई मेरा आफ्नै पुराना यात्राहरूको सम्झनामा डुबाउँछ । ती यात्रा, जसमा असजिलो पनि थियो, तर जीवनलाई नजिकबाट महसुस गर्नसक्ने जादु पनि ।

मेरो नजर पुग्छ चराको चुच्चोजस्तै रातोडाँडामा । त्यहाँका लुङ्दर हरूले मलाई बोलाइरहेझैँ लाग्छ । गुम्बा पनि रहेछ त्यो । झट्ट हेर्दा हाम्रै मुस्ताङस्थित छोस्यारको भित्तामा टाँसिएको निफु गुम्बा पनि परबाट हेर्दा लगभग यस्तै लाग्छ ।

"उः त्यो डाँडाका लुङ्दरहरूले मलाई डाकिरहेका छन्, के गरूँ ?" सरोजलाई सोध्छु ।

उनी मुस्कानसहित भन्छन्, "त्यही हो चिउ गुम्बा । जानुस् न ! चारैतिरको अद्भुत दृश्य देखिन्छ त्यहाँबाट ।"

म सोध्छु, "कति समय लाग्ला त्यहाँ पुग्न ?"

"बिस्तारै जाँदा २० मिनेट जति," भन्छन् उनी ।

"त्यसो भए म त्यहाँ जान्छु नि त !"

"त्यसो भए पहिले नुहाउनुस्, कफी पिउनुस्, अनि चिउ गुम्बासम्म पुगेर आउनुस् ! तपाईं फर्किन्जेल पाहुनाहरूले पनि नुहाइसकेका हुनेछन् । त्यसपछि पूजामा सामेल होऔँला," मलाई सुझाउँछन् ।

राजुले मेरो लागि एक बाल्टिन तातोपानी ल्याइदिन्छन् । मानसरोवरको पवित्र जलले स्नान गर्छु । त्यसपछि एक कप कफी पिउँछु ।

मलाई गुम्बासम्म जाने बाटो देखाइदिन्छन् सरोज ।

'मर्निङ वाक' को बहानामा गुम्बाको दर्शन। एक पन्थ दो काज। मनले नजानिँदो गरी टेवा दिन्छ मलाई।

ज्योति दाइले 'बिस्तारै हिँड्नू' भनेको सम्झन्छु। अनुभवले भरिएको उनको सल्लाह अनुसरण गर्दै पाइलाहरूलाई सोची, सम्हाली अघि बढाउँछु।

दस मिनेट जति हिँडेपछि आउँछ- उकालो।

माटोलाई न्यानो स्पर्श दिइरहेको घामका सुनौलो किरणहरू मसँग खेल्न आइरहेको आभास हुन्छ। हावासँगै कम्पित लुङ्दरहरूले गहिरो कथा सुनाइरहेको भान हुन्छ।

४,६०० मिटर उचाइको उकालोले कम चुनौती दिँदैन मलाई। उकालोको कठिनाइको बाबजुद उचाइसँगै खुल्दै गएका पारिदृश्यले मन हल्का बनाउँछ। लामो श्वास तान्छु, रोक्छु, फेरि छोड्छु र चिउ गुम्बामाथि तैरिएको बादलको धर्सो हेर्दै अघि बढ्छु। फोक्सोले गुनासो गरेझैँ लाग्छ तर मनभित्र एउटा सानो स्वर गुन्जिन्छ- "केवल अर्को कदम !"

पहाडको टुप्पामा अवस्थित भएकाले चिउ गुम्बाको उकालोले मलाई मुस्ताङको लुरि गुम्बा जाँदाको झल्को दिलाउँछ। फरक- उताको ४,००० मिटर, यताको झडै ४,६०० मिटर।

मनभरि अनगन्ती कुरा आउँछन् उकालो चढ्दा।

कति पुरानो होला चिउ गुम्बा ?

यहाँ आएका अन्य यात्रुले के अनुभूति गरेका होलान् ?

मनमा कस्तो शान्ति छाउँछ होला गुम्बा पुग्दा ?

हरेक पाइलासँगै अगाडि बढिरहेका छन् मेरा चिन्तनका छाल।

चिउ गुम्बाको प्रवेशद्वार नजिकिँदै गर्दा म हल्का र शान्त महसुस गर्न थाल्छु। पहिलो नजरमा नै पहाडको भित्तामा भएको निर्माणले मलाई विस्मित तुल्याउँछ। हाम्रो मुस्ताङस्थित छोसारको पहाडभित्र निर्मित निफु

गुम्बाजस्तै अद्वितीय लाग्छ, चिउ गुम्बाको वास्तुकला । यहाँको गुफामा रहेका प्राचीन चित्रकलाले मेरो कल्पनालाई हजारौँ वर्षअघिको युगमा पुऱ्याउँछ ।

जसै गुम्बा पुग्छु, यहाँको शीतल हावा र शान्त वातावरणले मलाई आफ्नै लयमा स्वागत गर्छन् । उचाइबाट चारैतिर दृष्टि दौडाउँदा मानसरोवरको पवित्रता, कैलाशको अटलता र आकाशको असीमितताले मनभरि गहिरो अनुभूति गराउँछ । लाग्छ- यो त गन्तव्य मात्र होइन, शरीर र आत्मा दुवैको यात्रा हो ।

मूलगेटबाट भित्र छिर्दा एक तिब्बती पथप्रदर्शक आफ्ना अस्ट्रेलियन पाहुनालाई चिउ गुम्बाको ऐतिहासिक र आध्यात्मिक महत्त्वबारे बताउँदै रहेछन् ।

कस्तो संयोग !

अघि उकालो लाग्दै गर्दा मेरो मनमा उम्रेका जिज्ञासा पूरा हुने भयो भन्नेमा खुसीले गदगद हुन्छु म ।

र, चुपचाप सुन्छु उनलाई-

“यो तिब्बतका प्रमुख गुम्बाहरूमध्ये एक हो । आठौँ शताब्दीमा गुरु पद्मसम्भव यहाँ आइपुगेका थिए । एक दिन तालको किनार हिँड्दै गर्दा उनले एउटा भँगेरो नजिकैको गुफातिर उडेर गएको देखेछन् । तर त्यो भँगेरो फर्केर नआएपछि उनलाई जिज्ञासा भएछ । त्यसपछि उनी भँगेरो उडेको आकाशमार्ग पछ्याउँदै गुफामा प्रवेश गरेछन् । भनिन्छ, उनले एक सातासम्म त्यही बसेर ध्यान गरेका थिए। त्यस बेलादेखि त्यो स्थान ‘चिउ गुम्बा’ भनेर चिनिन थाल्यो । स्थानीय भाषामा ‘चिउ’ को अर्थ भँगेरो हुन्छ ।”

चिउ गुम्बाको ऐतिहासिकता, यसको निर्माणसँग जोडिएको धार्मिक महत्त्व र यसले ध्यान साधनामा पुऱ्याएको योगदानको कथा सुनाउँछन्, ती तिब्बती पथप्रदर्शक । उनको हरेक शब्दमा गहिरो आस्था र आत्मीयता स्पष्ट झल्किन्छ ।

उनका कुरा ध्यानपूर्वक सुन्दा कुनै अद्भुत यात्रा गर्दै छु जस्तो लाग्छ मलाई। सित्तैमा यति रोचक जानकारी पाउँदा म उनीप्रति मनभरि कृतज्ञता महसुस गर्छु।

उनलाई 'तासी देलेक' को अभिवादन गर्दै म आफ्नो परिचय दिन्छु- "मेरो नाम राजेन्द्र, नेपालबाट आएको।"

"म सोनाम, टुर गाइड। तपाईंलाई भेटेर खुसी लाग्यो," मुस्कुराउँदै आफ्नो परिचय दिन्छन्।

परिचयसँगै हामी हात मिलाउँछौँ। केही थप संवाद पनि हुन्छ हाम्रो बीचमा।

"ग्रुप लिएर आउनुभएको हो?" उनी जिज्ञासा प्रकट गर्छन्।

"हो, एनआरआईहरूको टोलीसँग आएको," मेरो जवाफ।

"तपाईंको आफ्नै कम्पनी छ कि?" म उत्सुकतापूर्वक सोध्छु।

"छैन, अहिले म एउटा एजेन्सीमा काम गर्दै छु। तर, छिट्टै आफ्नै कम्पनी खोल्ने योजना छ," भन्छन् उनी।

त्यसपछि उनी आफ्नो भिजिटिङ कार्ड मेरो हातमा थमाउँदै मुस्कानसहित भन्छन्- "तिब्बत आउने तपाईंका टोली छन् भने मिलेर काम गरौँ न है!"

म भन्छु- "अवश्य!"

काठमाडौँमा पनि तिब्बतीहरू देखिन्छन्, भेटिन्छन् तर उनीहरूसँग मेरो दोहोरो संवाद भएकै छैन भन्दा पनि हुन्छ। तिब्बत टेकेपछि पेम्पाबाहेक कुनै तिब्बतीसँग गरेको दोहोरो संवाद उनीसँग नै हो।

उनीसँगको छोटो भेटघाटले चिउ गुम्बाको कथा र महत्त्व उजागर हुन्छ। यति मात्र होइन, दुई देशका साझा सांस्कृतिक र धार्मिक सम्पदाबीचको गहिरो सम्बन्धलाई पनि उजागर गर्छ। भौगोलिक रूपमा हामी छिमेकी मात्र होइनौँ; समय, परम्परा र आस्थाले नाता पनि जुराइदिएको छ हामीलाई। यो संवादको न्यानोपनले भविष्यमा सहकार्य र आपसी सहयोगको नयाँ ढोका खोल्ने सम्भावना देखाएको महसुस गर्छु।

उनी अगाडि लाग्छन्, आत्मविश्वासका साथ गुम्बाको बाटो देखाउँदै। म विश्वासपूर्वक उनका पदचाप पछ्याउँछु।

हामी चिउ गुम्बाको केन्द्र भाग छिर्छौं, जहाँ विराजमान छ पद्मसम्भवको मूर्ति। मूर्तिको वरपर दीप, धूप र प्रार्थना झन्डा राखिएका छन्। गुम्बाका भित्ताहरूमा बौद्ध देवता, मण्डल र पद्मसम्भवको जीवन झल्काउने रङ्गीन थाङ्काचित्र सजाइएका छन्। यी कलात्मक चित्रहरूले तिब्बती बौद्ध धर्म, परम्परा र आध्यात्मिक शिक्षालाई झल्काउँछन्।

त्यसपछि छिर्छौं ध्यान गुफा (मेडिटेसन केभ) भित्र। सोनामको भनाइअनुसार पद्मसम्भवले यहीं ध्यान गरेका थिए। गुफा सानो किन्तु अत्यन्त सुन्दर। यो स्थान आध्यात्मिकताको प्रतीक हो। केही पर्यटक तीर्थयात्री यहीं ध्यान मुद्रामा देखिन्छन्। गुफाभित्र स्वाभाविक रूपमा शान्ति र भक्ति महसुस गराउँछ। म गहिरो आध्यात्मिक भावले सिञ्चित हुन्छु। गुम्बा भनेको साधारण संरचनामात्र होइन; यो चेतना र ब्रह्माण्डलाई जोड्ने एउटा अदृश्य पुल पनि रहेछ।

बाहिर निस्केर पहाडको चुच्चोलाई एक फन्को मार्छु म।

केही तिब्बती माने घुमाउँदै मसिनो आवाजमा मन्त्रोच्चारण गरिरहेका छन्- "ॐ माने पेमे हूँ।"

कैलाश पर्वत, मानसरोवर ताल, राक्षस ताल र वरपरको पहाडी भूभागको सानदार दृश्य देखिन्छ।

तासीजस्तै अर्का तिब्बती पथप्रदर्शक दक्षिण भारतीय मूलका नागरिकहरूलाई यिनै दृश्य देखाउँदै 'चिउ गुम्बा' नाम कसरी रहन पुग्यो भन्नेबारे बताउँछन्।

उनले भनेका कुरा ध्यापूर्वक सुन्छु म-

"कथनअनुसार ध्यान गरिरहेका बेला गुरु पद्मसम्भवले आफूलाई चराको रूपमा कल्पना गरे र आफ्नो ध्यानशक्ति मार्फत वरपरको वातावरण अवलोकन गरे। यही कारणले यस गुम्बाको नाम 'चिउ गुम्बा' रहन गएको हो।"

मिथक न हो, जसले जे भन्यो त्यही हो जस्तो लाग्ने ।

पहाडको यो विन्दुबाट मानसरोवरलगायत वरपरका भूगोल आकाशबाट हेर्दाजस्तै स्पष्ट र विस्तृत देखिन्छन् । उनका ती शब्दहरूले मेरा नजरसामु एक उज्यालो व्यक्तित्व चराका रूपमा आकाशमा उड्दै यी सुन्दर दृश्यहरूको अंश बनिरहेका छन्, मानौँ कि उनी आफूलाई भुल्दै बादलसँगै बगिरहेका छन्, हावा बनेर पहाडहरू छोइरहेका छन् र सूर्यको किरण भएर सरोवरको जलमा चम्किरहेका छन् ।

मानसरोवरको नीलो पानी, वरपरको शान्त परिवेश र कैलाशको काखमा बसेको यो स्थानले मेरो कल्पनामा गहिरो छाप छोड्छ । यस्तो लाग्छ- समय स्थिर छ र म केवल त्यो दृश्यको सौन्दर्यलाई आत्मसात् गरिरहेको छु । लाग्छ, यति बेला म दिव्यता र वैभवताको गुँड अर्थात् किंवदन्तीको गुफा र शान्तिको पहाडमा छु ।

चिउ गुम्बाभन्दा अलिक परको अर्को थुमतिर जान सङ्केत गर्छन् सोनाम ।

म उनको इसारालाई पछ्याउँदै अघि बढ्छु ।

चिउ गुम्बाको ढिस्को ओर्लेपछिको उकालो बाटोले केही बेरमै त्यहाँ पुऱ्याउँछ । बाटो छोटो भए पनि उचाइको करालोले हल्का थकान चाहिँ महसुस भइहाल्ने ।

चिउ गुम्बाभन्दा अलिक होचो छ यो थुम । पत्थरमा कोरिएका मन्त्रहरूले समयसँगै यात्रा गरिरहेका छन् र छोर्तेनहरूले शान्तिको प्रतीकको रूपमा आफूलाई प्रस्तुत गरिरहेका छन् । साधारण तर यी पवित्र छोर्तेनहरूको उपस्थितिले थुमलाई अझै विशिष्ट बनाएको छ ।

तारबारभित्र पनि मन्त्र कुँदिएका चाक्ला पत्थर भित्ताजस्तै लहरै सजाइएका छन् । हजारौँ पत्थरमा लेखिएका बौद्ध धर्मका पवित्र मन्त्रहरूले पवित्रताको आभा दिएका छन् । आकाशको नीलोपन, घामको मधुरो उज्यालो र वरपरको मौनताले मनमा एकात्मताको अनुभूति गराउँछ ।

यहाँको प्रत्येक पत्थरले इतिहासको कथा बोलिरहे जस्तो लाग्छ। रङ्गीन ध्वजापताका हावामा फर्फराउँदै परिभाषा गर्छन् कि हामी प्रकृतिसँग कति नजिक छौँ।

थुममा पुगेका पर्यटकहरूको दृश्यावलोकनको सहजतालाई ध्यानमा राखेर काठको आकर्षक 'प्लेटफर्म' बनाइएको छ। फराकिलो छ यो। यहीँ बसेर मानसरोवर ताल र कैलाश पर्वतलगायतका उच्चभूमि र वरपरका प्रकृतिको सजीव चित्रकारिता हेर्छु म। आकाश, भूमि, ताल र हिमालबीचको सामञ्जस्यले यो स्थानलाई स्वर्गीय अनुभव दिन्छ।

दक्षिणतिर नेपालको सीमा नजिकै उभिएका टाकुराहरूले मलाई आफ्नै पहाडी गाउँको यादलाई ताजा गराउँछ। दृश्य यति सजीव प्रतीत हुन्छ, मानौँ हिमालहरूले आफ्नो स्मृतिलाई सन्देशका रूपमा सुनाइरहेका छन्।

'घुम्दै फिर्दै रुम्जाटार' भनेझैँ मेरा नजर फेरि मानसरोवरमा पुग्छन्। शान्त जलराशिका लहरहरूसँग म आफैँ एकाकार भएको अनुभूति गर्छु। प्रत्येक लहरले मेरो अन्तर्मनको गहिराइमा हलचल ल्याइरहेको छ। कल्पनामा चराजस्तै भएर म तिब्बती पठार पार गर्दै, विशाल सेता हिमशृङ्खलामाथि पखेटा फैलाएर उडिरहेको छु।

म आकाशको नीलो निस्तब्धता र धर्तीको मौन सौन्दर्यबीच हराउँदै जान्छु। मेरो आँखामा हिजो सरोजले चिनाइदिएको उही गुरला मान्धाताको अनुपम दृश्य उदाउँछ। सूर्यवंशी राजाको तपस्याको साक्षी त्यो शिखरले यति बेला वायुका झोका पिउँदै बिहानको घामका किरणहरूलाई न्यानो स्पर्श गरिरहेको छ। चुली आफैँमा एक योगीजस्तै प्रतीत हुन्छ।

मेरो कल्पना र यथार्थबीचको सिमाना बिस्तारै मेटिँदै जान्छ र अन्ततः एक अर्कामा मिसिन्छन्। त्यसपछि मलाई थाहै हुन्न म कहाँ छु भनेर। कुनै उचाइमा छु कि आफूभित्रै गहिरिएको छु, छुट्याउनै गाह्रो हुन्छ। यो क्षणमा म केवल एक अवलोकनकर्ता होइन, यी परिदृश्यकै हिस्सा बन्न पुग्छु। मेरा कल्पनाका पखेटा मानौँ धर्ती र आकाशबीचको पुल बनेका

छन् । यस अनुभूतिले मेरो मनलाई हल्का बनाउँछ, र म त्यो क्षणको गहिराइमा हराएको महसुस गर्छु ।

नजिकैको बस्ती र आकाशमा कावा खाइरहेका चरा देख्दा जीवन र प्रकृतिको सजीव समन्वयको अनुभूत हुन्छ । यो थुमबाट देखिने चिउ गुम्बाको दृश्य, दृश्यमात्र होइन, यो मेरो आत्मालाई छोएको एउटा नूतन अनुभूति हो ।

थुमबाट मानसरोवर र राक्षस ताललाई एउटै फ्रेममा देखिँदा अनौठा भावनाले भरिन्छ मन । एउटाले शान्त र शीतल सौन्दर्यले आत्मालाई शान्त गराउने, अर्कोले रहस्यमय र गम्भीर रूपले प्रकृतिको विविधतालाई झल्काउने । दुईबीचको भौगोलिक दूरी जति नजिक छ, तिनको ऊर्जा र प्रभाव उति नै फरक महसुस हुन्छ ।

यो ठाउँमा बिताइएका पल केवल दृश्य अवलोकनमा सीमित हुन्नन्, ती आत्माको गहिराइसम्म पुग्छन् । यो अग्लो थुममा आएर मेरो यात्रा अझै गहिरो बन्छ, जहाँ मन्त्रहरूको ऊर्जा र प्राकृतिक सौन्दर्यसँग विलीन हुन्छ मेरो मन ।

धर्मशालातर्फ फर्कदै गर्दा गुन्गुनाउँछु-

ध्वजापताकाको फर्फराहटले-
मौन संवाद गरिरहेजस्तो
कैलाशको आँगनमा गुफा र गुम्बा
नीलो आकाश
अनन्त शून्यता
शान्त र स्थिर मानसरोवर ।
भनिरहेछ प्रकृति– तिमी मभित्र छौ, म तिमीभित्र
पत्थरमा कुँदिएका ती पवित्र मन्त्र

शब्दमात्र कहाँ हुन् र !
समयका दस्तावेज हुन्... ।
हरेक अक्षरले भनिरहेछ- एक महाआख्यान
एकताको, मौनताको र अस्तित्वको
म भेट्छु-
ती लिपिहरूमा आफ्नै छाया
म सुन्छु-
ती शिलामा आफ्नै कथा...
ती लहरसँगै बग्छ मेरो आत्मा–
छाल भएर अकासिने आकाङ्क्षामा
पहाड, नदी,
र आकाशको सामूहिकतामाफ्र हराउँछु
तर सजग छु-
हराउनु स्वाभाविक हो
र, मलाई थाहा छ-
हराएपछि मात्र आफूलाई भेटिन्छ ।
यहाँ म बाँचिरहेछु–
शब्दभन्दा पर, ध्वनि र मौनताको सहमतिमा... ।

धार्चेनको कथा

यात्राले आँखालाई पुस्तकजस्तो बनाउँछ र कानलाई इतिहासजस्तो ।

म चिउ गुम्बाबाट धर्मशाला फर्कंदा समूहका सबै सहभागीहरू शारीरिक शुद्धीकरण गरेर मानसरोवरको किनारमा पुगिसकेका रहेछन् । म सोझै त्यसतर्फ लाग्छु । उनीहरूलाई देख्दा मेरो मन उत्सुकताले भरिन्छ ।

यस बेला धार्मिक अनुष्ठानले भरिएको छ, मानसरोवरको पवित्र किनार । पूजापाठ र प्रार्थनाका भुनभुनाहटले अद्‌भुत उल्लास भरेको छ वातावरणमा ।

सरोवरको सतहमा उठेका तरङ्गहरूले धर्तीलाई चुम्न खोज्छ, मानौं प्रकृतिको अनन्त प्रेम यही हो । ती चलायमान तरङ्गका गति मानवीय भावनासँग मेल खान्छन्; कहिले उत्साहका छालजस्तै त कहिले गहिरो शान्तिको प्रतीकजस्तै । प्रकृतिले प्रत्येक तरङ्गमार्फत हामीलाई प्रेम, शान्ति र एकताको सन्देश दिएझैं प्रतीत हुन्छ । प्रतिपल, प्रतितरङ्गले धर्ती र आकाशलाई आत्मीयतासँग जोड्न खोजिरहेको आभास गराउँछ । जीवनमा मैले बिरलै देखेको छु यस्तो अद्‌भुत दृश्य । यो दृश्य हेर्दैगर्दा यस्तो पनि लाग्छ- सरोवरको प्रत्येक छालले तीर्थालुहरूको आस्था र भक्ति-भावनाका कथा सुनाइरहेछ । प्रत्येक छालको आवाज यहाँ उपस्थित प्रत्येक यात्रीको मनोभावको प्रतिध्वनि पनि हो ।

सरोवरको किनारा भारतीय मूलका तीर्थयात्रीहरूले ओगटिएको छ, यद्यपि केही नेपाली तीर्थालुको उपस्थिति पनि देखिन्छ । सबैजना श्रद्धा र

विश्वासका साथ पूजा-अर्चनामा लीन छन् । यो उपस्थितिलाई सानोतिनो 'अर्धकुम्भ' को उपमा दिँदा अतिशयोक्ति नहोला ।

मानसरोवरको चिसो वायुले गालामा हल्का चुम्बनजस्तो अनुभव गराइरहेको छ। म किनाराको प्रत्येक दृश्यलाई एकाग्र भएर नियाल्छु। अरू समूहका तीर्थालुहरू कोही शिवपूजामा तल्लीन छन्, कोही पार्वतीपूजामा । कोही जलअभिषेकमा व्यस्त छन् भने कोही श्रद्धा प्रकट गरिरहेका छन् दीप प्रज्वलन गर्दै। प्रत्येक अनुहारमा आस्था र समर्पणको अनौठो चमक देखिन्छ ।

हाम्रो समूहका श्रीनिवासजी पितृहरूको सम्झनामा तर्पण दिइरहेका छन्। उनकै छेउमा छन् विरेशकुमार। म उनको समीप गएर नियाल्छु। उनका ओठबाट मन्त्रहरू प्रस्फुटन भइरहेका छन् भने आँखामा श्रद्धा झल्किरहेको छ । यस क्षणमा मलाई विदित हुन्छ कि आस्था र स्मृतिहरूले मानव हृदयलाई कति कसरी छुँदा हेछन् !

अर्कोतर्फ, नरसिंह रेड्डी सामूहिक पूजाको तयारीमा व्यस्त छन्। उनी देउ-कलश स्थापना गरी यज्ञकुण्ड बनाउँदै छन्। सरोज र राजेशले पूजाका लागि आवश्यक सम्पूर्ण सामग्री जुटाइदिएका छन् । मानसरोवरको पवित्र जल, सेता र राता फूल, दियो, घ्यू, बत्ती, सुगन्धित अगरबत्ती, भगवान् शिव र पार्वतीका लागि चढाउन कपडा र माला, चन्दन, प्रतीक, धूप, मिठाई, फलफूल र पञ्चामृतका लागि दूध, दही, घ्यू, मह र चिनी- यी सबै सामग्री यज्ञमण्डपमा तयारी अवस्थामा छन् ।

यज्ञलाई घेरेर बसेका सबैजना दुई हात जोडी शान्त र प्रशन्न मुद्रामा छन् ।

दीप प्रज्वलन गर्दै शिवपञ्चाक्षरी मन्त्र वाचन गर्छन् नरसिंह रेड्डी, "ॐ नमः शिवाय, स्वाहाः ।"

'नमःशिवाय' मन्त्रलाई भगवान् शिवको शक्तिशाली मन्त्र मानिन्छ । 'ॐ'- ब्रह्माण्डीय ध्वनि तथा सम्पूर्ण सृष्टिको प्रतीक । यो परमात्मा,

अनन्त ऊर्जा र शिवतत्त्वको सङ्केत पनि हो। शिवत्व अर्थात् भगवान् शिवको दिव्य गुण र चेतना।

शिवत्व हाम्रो जीवनमा सकारात्मक ऊर्जा प्राप्त गर्न, अहङ्कार र क्रोधलाई त्याग्न, आत्मबोध र आध्यात्मिक जागरणको अनुभव गर्न र धीरताका लागि आवश्यक होला भन्ठान्छु म। शिवत्व भनेको बाहिरी चीज होइन। जब हामी आफ्नै अहङ्कार, लोभ र क्रोधलाई जित्छौँ, तब प्रकट हुन्छ यो । यो परम सत्य, प्रेम र मुक्तिको मार्ग हो।

यसै पनि आध्यात्मिक बनेको मानसरोवरको किनार उनको मन्त्रपाठले झनै आध्यात्मिक बन्न पुग्छ। सबैले मन्त्रमुग्ध भई उनको अनुकरण गर्छन्। उनीहरू लामो समयसम्म मन्त्रपाठमा तल्लीन रहन्छन्। "ॐ नमः शिवाय" र महामृत्युञ्जय मन्त्रको गुञ्जनले समग्र वातावरणमा शान्ति छाएको महसुस हुन्छ। मानसरोवरको चिसो हावा र वातावरणको शान्तिले अनुष्ठानलाई अरू गहिरो बनाइरहेको छ।

विधिपूर्वक पूजा सम्पन्न गरिएपछि, नरसिंह रेड्डीले समूहका सबैलाई टीका लगाइदिन्छन्। सबैले उनीसँग प्रसाद र पञ्चामृत ग्रहण गर्छन्। पूजापछि सबैको अनुहारमा छल्किन्छ, अज्ञात आत्मीय खुसी।

मसँगै उभिएका सरोज भन्छन्- "यस्तो पूजापाठमा सरिक हुँदा मलाई आध्यात्मिकता र शान्तिको अनुभूति हुन्छ।"

पूजा धार्मिक अनुष्ठानमात्र नभई जीवनको सारतत्त्वलाई महसुस गर्ने अवसर पनि रहेछ।

पूजा समापन नहुँदै भोकको तीव्र झङ्कारले मेरो पेटलाई गिजोल्न थालिसकेथ्यो। उता धर्मशालामा नास्ताले हाम्रै प्रतीक्षा गरिरहेको भए पनि यता समापनको प्रतीक्षा लम्बिँदै जाँदा भोकको छाल झन् उग्र बन्दै थियो। मेरो मात्र होइन, सबैको ध्यान नास्तामै केन्द्रित छ। तर पूजा सकिँदासम्म भोक पनि हराइसक्छ।

श्रीकर, श्रेया र रेणुकाको अनुहारमा भोक र थकानको चित्र कोरिएको प्रस्ट देखिन्छ, यद्यपि उनीहरूले केही बोलेका छैनन्। बिचरा ती केटाकेटीले कसरी सहेका होलान्! पेटको सरोवरमा उर्लेको छाल शान्त पार्न फटाफट अघि बढ्छौँ। जसै नास्ता लिन्छौँ, सन्तुष्टिको नयाँ चमक विस्तार हुन थाल्छ सबैको चेहरामा।

भोकका अनगन्ती अनुभव छन् मेरो जीवनमा। जीवनका विभिन्न मोडमा भोकले बारम्बार मलाई पराजित बनाउन खोजेथ्यो- कहिले लामो दूरीको यात्रामा त कहिले अभावका दिनहरूमा। तर आज मैले गहिरो रूपमा महसुस गरेको छु- भोजन भोक मेटाउने साधनमात्र होइन रहेछ, यो त थकित शरीरमा नयाँ स्फूर्ति भर्ने र थाकेको देहलाई पुनर्जीवन दिने अद्‌भुत शक्ति रहेछ।

त्यही भएर होला, मेरा बा भन्ने गर्थे- "प्रत्येक गाँसलाई सम्मान र आभारका साथ ग्रहण गर्नुपर्छ।"

नास्तापछि पेम्पा मलाई भन्छन्, "हामी दुईजना कारमा धार्चेन जानेछौँ। बाँकी सबै बसमा आउनेछन्। तपाईं चाँडै आफ्नो झोला लिएर आउनुहोस्! आज म तपाईंलाई 'भीआईपी ट्रिटमेन्ट' दिँदै छु।"

के होला 'भीआईपी ट्रिटमेन्ट'! उत्सुक हुन्छु म।

उनले भनेबमोजिम म तुरुन्तै आफ्नो झोला टिपेर बाहिर निस्कन्छु। खरानी रङको गाडी तयारी अवस्थामा छ। बिल्ड योर ड्रिम्स (बीवाईडी) ब्रान्डको नयाँ गाडी रहेछ।

"यही हो हाम्रो गाडी", भन्छन् पेम्पा।

पेम्पाको साथीको गाडी रहेछ यो। उनी धार्चेन जान लागेका। पेम्पालाई पनि होटलको व्यवस्था मिलाउन ग्रुप पुग्नुअगावै धार्चेन पुग्नुपर्ने रहेछ। पेम्पाले मलाई पनि सँगै लान खोजेका रहेछन्। कुरो बुझियो।

अचेल सवारीको साधनमात्र होइन बीवाईडी ब्रान्ड; वैभवशालीहरूको त

सपनाको प्रतीक नै बनेको छ। वातावरणीय संरक्षणको दृष्टिले असाध्यै उपयोगी भएकाले नेपालमा पनि यस्ता विद्युतीय गाडीले बजार कब्जा गरेको अवस्था छ। किन्तु यति बेला भने म आफ्नै भ्याटभ्याटेको सम्झनामा हराइरहेको छु।

उहिले उहिले पैदल यात्रा गर्ने अन्वेषकहरू कठिन भूभाग पार गर्दै तिब्बत चहार्थे। अहिले त फराकिला र सहज सडकहरूले त्यो यात्रा सम्भवमात्र नभएर रमणीय बनाएका छन्। फराकिला सडक, घाँसेमैदानका अनन्त दृश्य र हिमाली शीतलताको परिवेशमा बाइकयात्रा गर्ने कल्पनाले मात्र पनि उत्सुकता जगाउँदो रहेछ। तिब्बती पठार, हिमालको छाया र यहाँको रहस्यमय आकर्षणका बीच बतासले अनुमति दिएसम्म बाइकिङ यात्रा एउटा अविस्मरणीय अनुभव बन्न सक्छ। सोच्दै छु- के यो त्यत्ति नै रोमाञ्चक होला, जति म कल्पना गरिरहेको छु?

मानसरोवरको किनारलाई छोडेर धार्चेनतर्फ अघि बढ्दा विशाल हिमाली पठारका सुन्दर आकृति अगाडि आउँछन्। जता हेरे पनि अनन्त देखिने, प्रकृतिको क्यानभासजस्तै। घामको हल्का किरणले जमिनलाई सुनौलो बनाइरहेको छ।

पठारमा च्याङ्ग्रा र भेडाका बथान मिलेर चरिरहेका छन्। ती निर्दोष प्राणीलाई हेर्दा मेरो मस्तिष्कमा एउटा प्रश्न उठ्छ- के हामी पनि त्यस्तै शान्त र सन्तुलित जीवन जिउन सक्दैनौँ? हामीले त्यसरी जिउन सकेको भए संसार कति शान्त र रमणीय हुन्थ्यो होला! हामी पाप गर्छौं र त्यसको प्रायश्चित गर्न तीर्थ धाउँछौँ। कस्तो विडम्बना!

जसै गाडी च्याङ्ग्रा, भेडाका बथान नजिक पुग्छ, एक तिब्बती आफ्नो झुन्डलाई सम्हालिरहेका देखिन्छन्। हातमा लट्ठी। रातो रङको धागोले बाँधेको कपाल। अनुहारमा जीवनको कठोरताले कोरिएका रेखा। कठोर भूगोल र मौसमका बावजुद उनी आफ्नो जीवनलाई सहजताका साथ चलाइरहेका देखिन्छन्। सानो छँदा नुवाकोटको टारीफाँटमा गाईबाख्रा

चराउन गएका दिनहरूको फ्ल्यासब्याक हुन्छ मेरो मस्तिष्कमा। उनलाई देख्दा एउटा पाठ सिक्छु- परिश्रम, आत्मनिर्भरता र तिब्बती स्थानीयता।

म निरन्तर नजर नचाइरहेछु हरिया विशाल पठारहरूमा। ती मैदानका नीला, सेता र पहेंला भुइँफूलहरूले तान्छन् मलाई।

म आकाशतर्फ हेर्छु। बादलका झुन्ड धर्तीसँग मिल्ने प्रयास गर्दै एकअर्कामा समाहित हुँदै गइरहेका छन्। यो दृश्य त आँखाले हेर्ने र महसुस गर्ने मात्र हो भन्ठान्छु म। यत्तिकैमा टाढा क्षितिजमा कैलाश पर्वतको शिखर झुल्किन्छ। ठाडो शिखर र हिउँले ढाकिएका पहाडहरूको दृश्यले रोमाञ्चित हुन्छु।

भोलेनाथको बासस्थान पो हो त- कैलाश पर्वत।

कैलाशको टुप्पोबाट कैलाशपतिले कस्तो देख्लान् यी पठार! तिब्बती भक्तहरूका सङ्घर्षका कथा सायद उनले पढेका छन्। वर्तमान तिब्बतलाई हेर्दा कस्तो महसुस हुन्छ होला कैलाशपतिलाई! सायद कैलाशपतिले तिब्बती जीवनका सबैखाले दु:ख र सङ्घर्षलाई आफ्नो छायामा समेटेर निलिसकेका छन्। त्यहाँ उभिँदा लाग्छ- कैलाशले तिब्बतीहरूको सङ्घर्ष र मौन प्रार्थनालाई सुनिरहेको छ, शब्दभन्दा परको अर्थमा।

एउटा बस्ती आउँछ। नाम- बार्का।

यो नामसँग मेरो लागि विशेष चासो थियो, किनकि हाम्रो अन्नपूर्ण क्षेत्रको मनाङमा पनि 'बार्का' भन्ने गाउँ छ। त्यहाँको स्थानीयका अनुसार धेरै पहिले तिब्बतको यही बार्काबाट केही मानिस नेपालतर्फ बसाइ सरेका थिए। उनीहरूले अन्नपूर्ण क्षेत्रमा स्थायी रूपमा बसोबास गरे र आफ्नो पुरानो बासस्थानको नाम जस्ताको तस्तै राखे- बार्का। यही नामले आजपर्यन्त जोडिरहेछ दुई भूगोललाई। बार्काको यो ऐतिहासिक पृष्टभूमिले मेरो मन अन्नपूर्ण क्षेत्र केन्द्रित अतीतको यात्रामा फर्कन थाल्छ।

एउटा सानो सहर प्रवेश गरेपछि पेम्पा भन्छन्- "धार्चेन आयो।"

कति छिटो!

४० किलोमिटर पार पार गरेको पत्तै भएन। हामी नेपालको सडकमा हुन्थ्यौँ भने यत्तिकै दूरी पार गर्न एक घण्टाभन्दा बढी समय लाग्थ्यो। काठमाडौँबाट करिब ३० किलोमिटरको दूरीमा रहेको धुलिखेल पुग्न ठ्याक्कै एक घण्टा लाग्छ। कारण सडकको अवस्थामात्र होइन, हाम्रोमा सार्वजनिक सवारी चालकहरूको चेतनास्तर र जटिल ट्राफिक प्रणालीको पनि हो।

म धार्चेनको अर्थ सोध्छु पेम्पालाई।

"तिब्बती भाषामा 'दर' को अर्थ प्रार्थना झन्डा' र 'चेन' को अर्थ 'विशाल' वा 'महान्' हुन्छ। त्यसैले 'दरचेन' को अर्थ हुन्छ– 'विशाल प्रार्थना झन्डा'। 'दरचेन' भन्दा भन्दै अपभ्रंश भएर 'धार्चेन' हुन गयो," भन्छन् उनी।

धार्चेन तिब्बती धार्मिक परम्परा र सांस्कृतिक महत्त्वसँग जोडिएको छ। कैलाश पर्वतको परिक्रमा (कोरा) सुरु गर्ने विन्दु हो यो। यहाँ ठूलठूला र लामा लामा प्रार्थना झन्डाहरू टाँगिएका छन्, जसलाई हामी लुङदा/लुङ्दर पनि भन्छौँ। तिब्बती संस्कृतिका महत्त्वपूर्ण हिस्सा हुन् यी झन्डा। धार्मिक मान्यताअनुसार ध्वजामा लेखिएका मन्त्र हावाको चलायमान ऊर्जामार्फत चारैतिर फैलिन्छन् र त्यसले मानवजातिको कल्याण गर्छ भन्ने विश्वास गरिन्छ। बतासले ती झन्डाहरूलाई छुँदा त्यसमा लेखिएका प्रार्थनाका शब्द ब्रह्माण्डभरि फैलिन्छन्न् भन्ने मान्यता पनि छ। तिब्बती सांस्कृतिक र धार्मिक विश्वास हो, यो मान्यता।

गाडीबाट ओर्लंदा धार्चेनको चिसो बतासले स्वागत गर्छ। बेसीजस्तै लाग्छ धार्चेन। नजिकैका थुमहरूमा रङ्गीन प्रार्थना झन्डाहरू यसरी फर्फराइरहेका छन्, मानौँ ती मेरो मनोकामना बोकेर अकासिन खोज्द छन्। घरका छानामा झुन्ड्याइएका परम्परागत झ्यालुङहरूले यस ठाउँको आध्यात्मिक आभा झल्काउँदै छ।

पेम्पाले पाहुनाहरूका लागि हिमालयन कैलाश होटल बुक गरेका रहेछन्।

हामी होटलभित्र प्रवेश गर्छौं।

तिब्बती शैलीमा निर्मित भवन। चारैतिर भवनले घेरिएको फराकिलो लबी र खुला आँगन। आँगनमा चम्किला पत्थरका छपनी। यसको बनावटले परम्परा र आधुनिकताको सम्मिश्रण झल्काउँछ। एक नजरमा नै यसको भव्यता मनमा बस्छ। साँच्चै, यो होटल भव्य र आकर्षक देखिन्छ। मनमनै सोच्न पुग्छु- यो होटल काठमाडौंमा हुन्थ्यो भने सायद साततारे होटलका रूपमा चिनिने थियो होला।

लबीका भित्ताहरूमा तिब्बती कलाकृतिहरू सजिएका छन्। झ्यालढोकाका सौन्दर्यले पनि यस ठाउँलाई विशेष बनाएको छ। उनी रिसेप्सनिस्टलाई आफ्नो ग्रुप आगमनको सूचना दिन्छन्।

त्यसपछि मेरो हात समाउँदै भन्छन्- "आई ह्याभ यारेन्ज्ड अनादर होटल फर यु। लेटस् गो!"

उनी मलाई सामुन्नेको होटलमा लग्छन्।

होटलको नाम चिनियाँ अक्षरमा लेखिएको हुँदा मैले बुझ्न सकिनँ। ऊ बेला फिनयिन माध्यमबाट चिनियाँ भाषा सिकेको थिएँ। त्यसले अक्षर होइन, उच्चारणमा मात्र सहजीकरण गर्थ्यो। त्यसैले यी जटिल चाइनिज अक्षरहरू बुझ्न सक्दिनँ। त्यसो त सिकेकै भए पनि कहाँ सम्झिरहन सकिन्थ्यो होला र!

मनमनै भन्छु- मनसरोवरमा पनि यस्तै होटल भइदिएको भए... !

मलाई चेक-इन गराइसकेपछि उनी भन्छन्- "हाम्रो ग्रुप तीस मिनेटमा यहाँ आइपुग्नेछ। म उनीहरूसँग हुनेछु। तपाईं आराम गर्नुहोस् अनि लन्चका लागि आउनुहोस् है!"

"अँ, अहिले नै ननुहाउनु होला! यो तपाईंको लागि ठीक नहुन सक्छ। नुहाउनै परे बेलुकीतिर नुहाउँदा राम्रो।" उनी मलाई अरू सजग गराउँछन्।

उच्च उचाइमा पुग्दा शरीरले कम अक्सिजन स्तरसँग अनुकूल हुने

प्रयास गरिरहेको हुन्छ। यस्तो बेला तातो पानीले नुहाइहाल्दा रक्त प्रवाहमा अचानक परिवर्तन आउनसक्छ। तातो पानीले रगतका नलीहरू फैलिई छालामा रगतको प्रवाह बढाउँछ। फलतः टाउको दुख्ने र चक्कर लाग्ने हुन सक्छ। कदाचित् हाइपोक्सिया अर्थात् शरीरमा अक्सिजनको कमी भएमा थकित वा बेहोस महसुस हुनसक्छ। उच्च उचाइमा हावा सुक्खा हुने भएकाले निर्जलीकरणको समस्या भएमा झन् गम्भीर असर पर्नसक्छ। केरुङबाट सागा आउँदै गर्दा बाटोमै सुझाएका थिए उनले यो कुरा।

झोलालाई कोठामा थन्क्याउँछु।

होटल सानै भए पनि सफा र निकै आरामदायक छ। तर पेम्पाले भनेझैं आराम गर्न मन लाग्दैन मलाई। घुम्न आएको मान्छे के सुत्नु, त्यो पनि दिउँसो। सोच्छु- धार्चेन एक्प्लोर किन नगर्ने! ठूलो सहर होइन क्यारे, हराइएला कि भन्ने डर पनि छैन।

कोठाबाट निस्कन्छु।

रिसेप्सनमा रहिछन् एउटी चिनियाँ मूलकी षोडशी।

केही कुरा बुझूँ कि भनेको, फिटिक्कै अङ्ग्रेजी बोल्दिनन् उनी। आफूले सिकेको चाइनिज भाषा पोलेर खाइसकियो। कस्तो अप्ठ्यारो!

कनीकुथी बोल्न खोज्छु म-

सोध्छु- "चाइ तार्चेन् ख इ खान् ताओ शन्म?" (म धार्चेनमा के के देख्न सक्छु?

"चौ ताओ ना च्व सान्, खान् फन्ति ह काङ् रिम्पोची सान्!" (त्यो डाँडामा जानुस्, भ्याली भ्यु र कैलाश हेर्नुस्)।

उनको हाउभाउ अनुसार त्यो डाँडोबाट कैलाशको पूरै काया देखिने रहेछ।

केरुङमा भेट हुँदा हिरा धमलाले भनेका थिए- "धार्चेनबाटै सुरु हुन्छ एउटा यात्रा। पहिले ग्यान्द्राक गुम्बा र त्यसपछि आउँछ, सेर्लुङ गुम्बा। त्यहाँबाट सीधा अगाडि आउने नन्दी डाँडोलाई दायाँ पारेर जाँदा सार्दुङ

थुक्सुङ गुम्बा आउँछ। त्यहाँ १३ वटा छ्योर्तेन छन्। त्यसलाई पनि दायाँ पारेर अगाडि बढ्दा धार्चेन फर्किन्छ। यो यात्रा १४ किलोमिटर दूरीको रहेछ। यसलाई आन्तरिक परिक्रमा भनिन्छ।"

ती षोडशी सायद मलाई त्यतै जान प्ररित गर्दै पो थिइन् कि !

उनी मलाई सोध्छिन्- "नि छोङ् नार लि लाइ ?" (तपाईं कहाँबाट आउनुभएको)

"व छोङ् च्यातमान्तु लाइ," जवाफ दिन्छु। (म काठमाडौंबाट आएको)।

"चाइ चेन !" (बाइ) भनेर बाहिरिन्छु।

उनी "चु नि योउ मेइ हाउ त इथेन् !" (शुभ दिन) भनेर शिष्टाचार व्यक्त गर्छिन्।

सुरु हुन्छ मेरो 'धार्चेन एक्सप्लोरेसन'।

सम्म परेको भूमि। त्यसमा बसेको सुन्दर बस्ती। त्योभन्दा पछाडि उठेका थुम, थुम र थुमहरू। पृष्ठभूमिमा अजय पर्वत् अर्थात् कैलाशको शिरविन्दु। मेरो जन्मस्थल नुवाकोटको मालिका डाँडाबाट लाङटाङ रि हिमाल देखिँदाको जस्तै विम्ब आउँछ, धार्चेनबाट कैलाश नियाल्दा।

कति सुन्दर !

सडकमा गुडिरहेका छन्- गाडी, बस, तीनपाङ्ग्रे साइकल। फाट्टफुट्ट मान्छे हिँडेका देखिन्छन् सडकपेटीमा। केरुङ र सागाको जस्तै लाग्छ धार्चेनको दैनन्दिनी।

जतिजति अगाडि बढ्छु, उतिउति पहाडका पत्रहरूले छोपिँदै जान्छ कैलाशको काया।

ज्योति दाइले भनेका थिए- "धार्चेन कैलाशको काखमा अवस्थित सानो बजार हो। त्यहींबाट कैलाश पर्वतको परिक्रमा सुरु हुन्छ। पहिले त धार्चेन सामान्य गाउँ थियो। परम्परागत तिब्बती शैलीका घर, पशुपालनमा निर्भर परिवार र सादा जीवन त्यस गाउँको विशेषता थियो। तर अहिले धार्चेनले आधुनिक सुविधा र पर्यटनको प्रभावलाई पनि आत्मसात् गरेको

छ। होटल, गेस्टहाउस र स्थानीय बजार त्यहाँका आकर्षण बनेका छन्।"

पोहोर साल मलाई प्रसङ्गबस विमल नहर्कीले सुरुसुरुमा कैलाश यात्रा चलाउने सिलसिलामा धार्चेन आउँदाको स्मरण सुनाएका थिए-

'धार्चेन त्यतिखेर अनौठो बस्ती थियो। घरहरू ससाना थिए। आधुनिकताको कुनै नामोनिसान थिएन। पर्खालभित्रको त्यो गाउँमा एउटै मात्र होटल थियो, त्यो पनि नाममात्रको। अहिले होटलहरू ठडिएका ठाउँमा हामी पाल टाँगेर बस्थ्यौं। टाढाबाट सुनिने भोटे कुकुरको आवाजले त्यो बेलाको मौनता टुटाइदिन्थ्यो। राति आकाशमा छरिएका तारा हेर्दा रमाइलो लाथ्यो। यात्रुहरूका सपना र उनीहरूको जीवनका नयाँ अध्याय लेखिने विन्दु थियो/छ- धार्चेन।'

बर्सेनि विभिन्न विदेशी समूहहरूको कैलाश यात्रा व्यवस्थापन गर्दै आएका र आफैँ गाइडको भूमिका निभाउँदै आएका विमल नहर्कीलाई धार्चेनको विगतबारे जति जानकारी छ, त्यो कमैलाई मात्र होला। उनको अनुभव र ज्ञानले धार्चेनको पुरानो परिवेशदेखि हालसम्मका परिवर्तनलाई राम्ररी नियालेको छ।

विमल नहर्कीको कुरा सुन्दा त म पनि पहिले नै धार्चेन आइपुगेको महसुस गर्थें। तर यहाँको परिवर्तनले मलाई नितान्त नयाँ यात्री बनाएको छ।

शान्त र सफा लागिरहेछ मलाई धार्चेन।

नेपालको हिमाली क्षेत्रका मानिसका लागि सांस्कृतिक र व्यापारिक सम्बन्धले जोडिएको ठाउँ पनि हो- धार्चेन। हाम्रो देशको हुम्ला, डोल्पा र मुगुका मानिस यहाँसम्म आएर नुन, ऊन र जडीबुटीको व्यापार गर्थे। यो सम्बन्धले दुई देशबीचको परम्परागत जीवनशैली र सांस्कृतिक आदानप्रदानलाई समृद्ध बनाएको थियो। अहिले हामी तीर्थयात्रीका रूपमा धार्चेन पुग्दा यो सम्बन्धको झल्को पाउँछौं। अचेल त्यो रूपमा व्यापार हुँदैन। तथापि व्यावसायिकता र परम्पराले बाँधिएका दुई भूगोलबीचको सम्बन्ध अझै पनि अमिट छ।

पन्ध्र मिनेट हिँड्दा पहाडको छेउमै पुग्छु। परबाट सामान्य देखिएको उकालो यहाँ आइपुग्दा मलाई निकै चुनौतीपूर्ण लाग्छ। मनमनै सोच्छु- पहाडमै जन्मेर हुर्केको मान्छे म, पहाडदेखि के डराउनु त गाँठे !

कम्मर कस्छु र चढ्छु पहाड। तर होटलकी महिला रिसेप्सनिस्टले भनेजस्तै कैलाशको पूरै दृश्य हेर्न त निकै माथि पुग्नुपर्ने रहेछ। तर पनि उपत्यकाका दृश्य चाहिँ भव्य देखिने। एकछिन रोकिएर ध्यानपूर्वक हेर्छु। ती दृश्य देख्दा यस्तो लाग्छ, म कुनै स्वप्निल संसारमा पाइला राख्दै छु।

दृश्यहरूले मनलाई रोमाञ्चित बनाइरहे पनि पेटमा भोकले काउकुति लगाउन थाल्छ।

अब के गर्ने ? माथि जाने कि फर्कने ? मनमा दोधार सुरु हुन्छ। माथि जाने चाहना त छ, तर भोकले पेट गिजोल्न थालिसकेको छ।

एक मनले माथिसम्म पुग्न पाए हुन्थ्यो भन्छ, अर्को मनले नबुझेजस्तो गर्छ।

उकालो लाग्ने कि होटल फर्कने ?

ठ्याक्कै भुवन केसीको गीतझैं–

परेँ म दोधारैमा... भनेजस्तो पो हुन्छु म।

सोच्छु- उता लन्च तयार भइसकेको होला, किन बेकारमा सेलाउन दिने ?

उकालो चढ्दा नयाँ दृश्यहरू देखिन्छन्, तर यही बेला भोकले पनि लखेटिरहेको छ। तात्तातो खानाको स्वाद अलि पर पुगेपछि कहाँ उस्तै रहन्छ र ! अन्ततः यात्रा र भोकको यो दोधारमा पेटले नै बाजी मार्छ। तात्तातै लन्च खान फर्कने निधो गर्छु।

यस क्रममा बजारमा छरिएका यावत् दृश्यहरूलाई फेरि एक पटक आँखा र मनले समेट्छु। होटलमा पुग्दा, सुम्रे, शुकमान र राजु किचनमा लन्च तयार पारिरहेका हुन्छन्। भान्साबाट आएको मीठो बास्नाले स्वागत गर्छ मलाई।

कस्तो अचम्म !

अस्ति र झन् अस्तिको दिन नेपाल नजिक भएर पानी परेको होला भन्ठानेथैं। कैलाशको आँगनमा पनि पानी पर्दो रहेछ। हठात् गर्जन्छ मेघ र दर्कन्छ पानी। ठूल्ठूला छन् पानीको थोप्ला।

"यहाँ पनि पानी पर्छ र?" सरोजलाई सोध्छु।

"वायुको दबाव र आर्द्रता बढ्दा अचानक वर्षा हुन्छ। तर धेरै बेर टिक्दैन," भन्छन् उनी।

नभन्दै एकैछिनमा बिदो हुन्छ। सानो वर्षाले पनि प्रकृतिको अनौठो रूप देखाउँछ। कालो भएको आकाश तुरुन्तै सफा भई जान्छ। घामको नरम किरण पुनः धार्चेनमा लुटपुटिन आइपुग्छ। धार्चेन र यहाँबाट देखिने दृश्यलाई सुनौलो र झिलिमिली बनाउँछ।

म ठान्छु- यहाँको यस्तो अचानक वर्षा जलवायु परिवर्तनको प्रभाव पनि होला। यो क्रम जारी रहे भविष्यमा तिब्बतको परिदृश्य कस्तो होला? मेरो मस्तिष्कमा एउटा अनौठो तस्बिर उब्जन्छ।

दिउँसोको चहलपहलले गाउँको जीवन्तता झल्काए पनि साँझ पर्दै गएपछि विमल नहर्कीले भनेझैं धार्चेनमा एक प्रकारको रहस्यमय शान्ति छाउँछ। कैलाश पर्वतकै छायाले सिङ्गो बस्तीलाई ढाकेको महसुस हुन्छ। पर्वतको शिखरबाट आउने झिलिमिली प्रकाश धार्चेनको भूगोलमा देखिन थाल्छ। हाम्रो समूहका श्यामलाल यो दृश्यलाई ध्यान र साधनासँग जोड्छन् र आध्यात्मिक र शान्तिको अनुभूति गर्छन्।

उनी भन्छन्- "जहाँ कैलाशको छाया पुग्छ, त्यहाँ मनमा शान्ति व्याप्त हुन्छ।"

सहयात्रीका मुहारमा कैलाशप्रतिको गहिरो श्रद्धा प्रस्ट झल्किरहेको छ, उनीहरूको हृदयमा नयाँ आशा र विश्वासका साथ भोलिपल्टको यात्रा र परिक्रमा प्रारम्भ गर्ने सपना पलाउँछ। उचाइको कारणले भएको हल्का थकान र श्रद्धाका बीच उनीहरूका लागि नवीन मार्ग र गन्तव्यको सेतुका रूपमा खडा हुन्छ धार्चेनको रात।

मोक्षको पदचिह्न

पथका कठिनाइहरूले मात्र यात्रालाई विशिष्ट र अविस्मरणीय बनाउँछन्। पदयात्रा भनेको ती कठिनाइलाई आत्मसात् गर्दै गन्तव्यतर्फ अघि बढ्नु हो। कैलाश प्रदक्षिणा (कोरा) को पहिलो पाइला उठाउनै लाग्दा यस्तै लाग्छ मलाई।

अघिल्लो साँझको ब्रिफिङमा पेम्पाले "हामी यहाँबाट सात किलोमिटर गाडीमा जानेछौँ र त्यसपछि दिराफुकतर्फ ट्रेकिङ गर्नेछौँ" भन्दा मेरो मनमा उत्साहका थप तरङ्ग उत्पन्न भएथ्यो।

केरुङ आएको दिनदेखि म पदयात्राको प्रतीक्षामा दिनहरू 'काउन्ट डाउन' गरिरहेथेँ। उनका ती शब्दहरूले मेरो कल्पनालाई अझै सजीव बनाए। मेरो अन्त:करणमा अपूर्व उल्लासको ज्वार उठेको थियो।

बिहान ७:३० बजे पेटपूजा सकेर धार्चेनबाट हिँडेका थियौँ।

८ बजेको थियो थारबोचे आइपुग्दा।

विशाल पहाडको काखमा छ- थारबोचे। रङ्गीबिरङ्गी ध्वजापताका बिहानीको मन्द वायुसँगै खेलिरहेका छन्। थारबोचेको स्वच्छ बिहान, जहाँ हिमाली बतासले शरीर र मनलाई ताजगी दिइरहेछ। अद्भुत आध्यात्मिक सौन्दर्य छ, यहाँको वातावरणमा। मन्त्रहरू लेखिएका ती झन्डा जब हावासँगै जोडले फट्फटिन थाल्छन्, तब लाग्छ- आकाशमा शुभकामनाका सन्देश फैलिरहेका छन्। आत्मा शुद्ध पार्ने एउटा अनुष्ठानजस्तै लाग्छ यो ठाउँ।

हामीभन्दा अगाडि यहाँ आइपुगेका तीर्थयात्री पूजा-प्रार्थनामा लीन छन्।

बौद्ध धर्मावलम्बी प्रार्थना गर्दै छन्-

'ॐ मणि पद्मे हूँ'

हिन्दूहरू मन्त्र जपिरहेका छन्-

'ॐ नमः शिवाय'

कोही भगवान् शिवको स्मरण गर्दै उच्चारण गरिरहेका छन्-

'हर हर महादेव'

सामुन्नेका काला पहाडका मूक प्रतिमूर्तिले हामीलाई बोलाइरहेको प्रतीत हुन्छ। अलि तल एउटा सानो खोला बगिरहेको छ। वातावरणलाई झन् पवित्र र ध्यानमय बनाएको छ, त्यसको सुसाइले। कसैले हातमुख धोइरहेका छन् त कसैले चिसो पानी ज्यानमा छर्केर आत्मशुद्धिको अनुभूति गरिरहेका छन्।

यहाँको प्रमुख आकर्षण भनेको प्रार्थनाझन्डा र स्तम्भ हो, जहाँ हरेक वर्ष सागादावा पर्वको अवसरमा हजारौँ तीर्थयात्री भेला भई नयाँ प्रार्थना झन्डा फेर्ने परम्परा अनुसरण गर्छन्। यो कार्य उनीहरूको धार्मिक आस्थाको नवीकरण हो। अरू भनौँ- धर्मप्रतिको समर्पणलाई पुनः पुष्टि गर्ने माध्यम।

'झतोर' अर्थात् प्राचीन आकाशीय दाहसंस्कार परम्पराको स्थल पनि हो- थारबोचे। यो परम्परामा मृतशरीर चील तथा गिद्धहरूलाई चढाइन्छ। उनीहरूको धर्ममा यसलाई परोपकार र नश्वरताको प्रतीक मानिन्छ। दाहसंस्कारको यो विधिमा आत्माको मुक्तियात्रा सहज बन्ने विश्वास गरिन्छ। सदियौँदेखिको तिब्बती परम्परालाई मौन साक्षीको रूपमा हेर्दै आएको छ, यो स्थलले।

म थारबोचेको आध्यात्मिक वातावरणमा उभिँदै गर्दा यो भूगोल र परम्पराको गहिरो सम्बन्ध महसुस गरिरहेछु। तीर्थयात्रीहरूको लयबद्ध जप सुनिरहेछु। अलि परको जुनिपरका बुच्काहरूबाट आएको सुगन्ध सुँघिरहेछु।

जीवन, मृत्यु र भक्तिको संगमस्थल हो यो। यो ठाउँले मलाई सम्झाउँछ- मैले गरिरहेको यो शारीरिक यात्रा गहिरो अनुभूति र स्मृतिहरूको सङ्कलन पनि हो।

कैलाशको निश्चल काखमा उभिँदा मेरो कल्पनामा बगेका दृश्यहरू बिस्तारै यथार्थ बन्दै छन्। यात्राको यो पवित्र पथमा प्रत्येक यात्रीका पाइला आफ्नै कथा र सपना बोक्दै अघि बढ्दै छन्।

विशाल चरन क्षेत्र पनि हो- थारबोचे। तर यात्रीहरूका लागि चढ्न ल्याइएका घोडा बाहेक यति बेला कुनै पनि चौपाया देखिन्नन्।

उठाइयो जोसिला पाइला।

पैदल यात्राको कुल लम्बाइ- १० किलोमिटर। यात्रा आरम्भ विन्दु- थारबोचे (४,५७५ मिटर)। गन्तव्य- दिराफुक (५०,४० मिटर)।

हामी चौरको पल्लो छेउ पुग्छौं।

पृष्ठभूमिमा कैलाश पर्वतको शिखर हल्का बादलले छोपिएको देखिन्छ, मानौं प्रकृतिले स्वयम् यस पवित्र स्थानको गोपनीयता रक्षा गरिरहेको छ। छ्योर्तेनको दायाँपट्टि हावामा लुङ्दरहरू फर्फराइरहेका छन् भने बायाँपट्टि बौद्ध मन्त्रहरूले कुँदिएका प्रस्तरहरू समयको साक्षीझैं मौन उभिएका छन्।

यात्रुहरू श्रद्धाले भरिएर नम्रताका साथ छ्योर्तेनलाई छोई पूजा गरिरहेका छन्। नेपालमा हिमाल आरोहण प्रारम्भ गर्नुअघि आधार शिविरमा आरोही शेर्पाले सफा मौसम र सफल आरोहणका लागि श्रद्धापूर्वक पूजापाठ गर्छन्। यस्तै पूजापाठ यहाँ पनि भइरहेको छ। यहाँ हुने पूजापाठ पनि यात्रा सफलताको कामना गर्ने परम्पराको एउटा अंश नै होला भन्ठान्छु म।

कतिपय भक्तजन आफ्ना नाम लेखिएका झन्डा टाँग्दै छन् त कतिपय शान्तभावमा कैलाश पर्वतको दक्षिण मोहडा हेरेर टोलाइरहेका छन्। यहाँ आइपुगेका श्रद्धालुका भावनाले भरिएको दृष्टि र कैलाशको गम्भीर मौनताले मभित्र अनौठा तरङ्गहरू उठ्छन्।

हामी पुग्छौँ यमद्वार।

भनिन्छ- यहीँबाट सुरु हुन्छ महादेवको निवासतर्फको मार्ग। यात्रुहरू विश्वास र भक्ति बोकेर नयाँ अनुभव र गहिरो अर्थतर्फ अघि बढ्छन्। यही पवित्रता हो- प्रवेशद्वार, यही प्रवेशद्वार हो- यमद्वार।

यमद्वार, जहाँ आत्मशुद्धि र मुक्तिको यात्रा आरम्भ हुन्छ। कैलाश परिक्रमाको यो पहिलो महत्त्वपूर्ण पाइला हो। भनिन्छ, प्रारम्भको शक्तिले यात्रालाई पूर्णता दिन्छ। म मनभरि उत्साहका साथ अघि बढ्छु।

हामीले सुरु गरेको परिक्रमा आत्मसमर्पणको मार्ग हो। गाडीको सहज यात्रालाई केही दिनका लागि थाती राख्दै पैदल यात्राको चुनौतीलाई अँगाल्दै छु। यतिखेर मनभरि तीर्थयात्राको गहिरो अर्थ सल्बलाइरहेछ। लाग्छ- अब आफूलाई सम्पूर्ण रूपमा यस यात्रामा अर्पण गर्ने बेला आएको छ।

ज्योति दाइले भनेका थिए- “सुरु सुरुमा कैलाश यात्रा व्यवस्थापन गर्नेहरूले त्यस ठाउँलाई ‘यमद्वार’ नाम दिए। ‘यमद्वार’ नाममात्र नभई प्रतीकात्मक अर्थ बोकेको यमलोक अर्थात् यात्राको प्रवेशद्वार हो।”

‘यमद्वार’, कस्तो सटिक नाम!

समयक्रमसँगै भूगोलका नाम परिवर्तन भएका उदाहरण यथेष्ट छन्। राजनीतिक परिवर्तन, सांस्कृतिक कारण र स्थानीय नाम अपभ्रंश भएर पनि नामहरू परिवर्तन हुने गर्छन्। पर्यटन प्रवर्द्धनका हिसाबले पनि नयाँ नाम राख्ने चलन छ। ‘यमद्वार’ भनिनु त्यसैको एउटा साक्ष्य थियो।

उनीहरूले ‘यमद्वार’ नाम जानीबुझीकनै राखेका थिए सायद। हिन्दू तथा बौद्ध धर्मावलम्बीका लागि कैलाश पर्वत एउटा भूगोल मात्र नभई अध्यात्म, आस्था र मोक्ष प्राप्तिको प्रतीक हो। धार्मिक ग्रन्थहरूमा उल्लेख भएअनुसार महाभारतका पञ्चपाण्डव ‘यमद्वार’ हुँदै जिउँदै स्वर्ग गएका थिए। त्यो ‘यमद्वार’ यहीँ होला भन्ठान्छु म। उनीहरूले गरेको स्वर्गारोहण भनेको कैलाश थियो भनेर कल्पना गरिन्छ। हिन्दू धार्मिक मान्यताअनुसार

यमद्वार स्वर्ग जाने ढोका हो, जसलाई पार गरेपछि आत्मा पवित्र यात्रामा प्रवेश गर्छ ।

त्यसो हो भने त हामी पाण्डवको मोक्षको पदचिह्न पछ्याइरहेका छौं । कथामा उनीहरूले हरेक पाइलामा मोह त्यागेको र पाप प्रायश्चित गरेका प्रसङ्ग छन् । उनीहरूका साथमा मौन तर निरन्तर साथ दिने एक वफादार कुकुर थियो । फरक के हो भने उनीहरूझैं हामी सीधा स्वर्ग प्रवेश गर्दैनौं । हामी त डोल्मा ला पार गरेपछि घर फर्किन्छौं । हाम्रो समूहमा दर्जनौं तीर्थयात्री छन्, तर द्रौपदी छैन, न त एउटै बाबुका पाँच जना छोरा नै हौं ।

नयाँ नाम राखिए पनि सो स्थानको अस्तित्व र त्यसको आध्यात्मिक महत्त्व भने रहन्छ। 'यमद्वार' शब्दमा सांस्कृतिक सुगन्ध छ। यसले धार्मिक भावना सम्मिलन गर्नुका साथै कैलाशसँग हिन्दू परम्पराको गहिरो सम्बन्ध रहेको बुझाउँछ ।

यथार्थ के पनि हो भने- पुराना दिनमा कैलाश यात्रा गर्ने यात्रीहरूले पूरै यात्रा पैदल गर्नुपर्थ्यो । लामो दूरी पैदल उचाइ पार गर्दा यात्रुहरू स्वाभाविक रूपमा उचाइअनुकूलन भइसकेका हुन्थे । धार्चेनसम्म आइपुग्ने धेरै यात्रुले यो कठिन यात्रा पूरा गर्न सक्थे । कदाचित् उचाइको गम्भीर असर परेमा उपचारको सहज सुविधा थिएन। जसले गर्दा यात्रुहरू प्रकृतिको कठोरताका सामु बिल्कुल असहाय हुन्थे ।

यो ढोका पार गरेपछि यात्रुहरू कठिन, जोखिमपूर्ण र चुनौतीपूर्ण मार्गमा प्रवेश गर्छन् । परम्परागत रूपमा यो द्वार पार गरेपछि घर, परिवार र समाजबाट पूर्ण रूपमा मुक्ति मिल्ने विश्वास रहिआएको छ ।

प्रविधिको विकासले आजकल यात्रुलाई सहज बनाएको छ । निश्चित दूरी र उचाइसम्म यातायातको सुविधा छ । स्वास्थ्य सेवा र यात्रा व्यवस्थापनका साधन उपलब्ध छन् । उपचार सहज छ । तर यातायातका साधनले गर्दा यात्रा छिटो भए पनि उचाइको असरको सम्भावना अत्यधिक हुन्छ ।

यात्रा पूरा गरी सुरक्षित रूपमा घर फर्किन चाहने यात्रीका लागि शारीरिक सहनशीलता, प्रकृतिको कठोर नियम र पथप्रदर्शकको सहजीकरण र निर्देशनको पालना अत्यावश्यक हुन्छ । जीवनमरणको अवधारणा जोडिएको यो स्थानले यात्रुहरूलाई शारीरिक र मानसिक रूपमा तयार हुन सन्देश दिन्छ । 'यमद्वार' शब्दले यात्रुहरूलाई परोक्ष रूपमा सावधानी अपनाउन, स्वयम्का सीमा बुझ्न र आवश्यक अनुशासन पालना गर्न समेत प्रेरित गर्छ ।

हिजो पेम्पाले तेजिला नयन चम्काउँदै मीठो स्वरमा भनेका थिए- "कोरा गर्दा तपाईंहरूमध्ये कसैलाई घोडा चाहिन्छ भने भोलि बुक गर्न सक्नुहुन्छ ।"

उनको सुझाव अँध्यारो रातमा अचानक उदाउँदै गरेको चन्द्रमाको किरणजस्तै हृदयको गहिराइमा उज्यालो पार्ने खालको थियो, यद्यपि त्यो उज्यालोमा कुनै गह्रौं छाया पनि लुकेको भान हुन्थ्यो ।

आज बिहान बस चढिसकेपछि पेम्पाले उही कुरा दोहोऱ्याउँदै भने- "काउन्टर बाटोमै छ । त्यही युआन ३,००० तिरेर टिकट किनिहाल्नुस् ।"

परिक्रमा सुरु गर्ने त पर्सिदेखि मात्र हो । तर रकम चाहिँ आजै चुक्ता गर्नुपर्ने । हाम्रो समूहका सहयात्रीहरू के गर्ने भन्ने निर्णयको दोधारमा अड्किए । जसका कारण बीच बाटोमा केही बेर अलमल भएथ्यो । अन्ततः आधाजसोले मनभरि प्रश्नको भारी बोकेरै घोडाका लागि उनले भनेजतिका दरले भुक्तानी गरे ।

कैलाश पर्वतजस्तै अटल रहेछ यहाँको नियम । घोडाका लागि पूरै रकम अग्रिम तिर्नुपर्ने । कदाचित् यात्रुले अन्तिम समयमा हिम्मत जुटाएर पैदलै यात्रा गर्न तयार भएमा भुक्तानी गरेको अलिकति पनि फिर्ता नपाइने । सुनसान बाटोमा अचानक बजेको ढोलको आवाजले यात्रुको मनमा जगाउने त्रासजस्तै पो लाग्यो मलाई यो नियम ।

नेपाली व्यवसायीलाई थाहा छ- अग्रिम भुक्तानी भनेको व्यावसायिक मर्यादाको त्यो अमूल्य हिस्सा हो, जुन कहिल्यै फिर्ता नहुने सम्झौता होइन। किन्तु एउटा कुरामा भने म गहिरिन्छु- कैलाश पर्वत हाम्रो आफ्नै देशमा भइदिएको भए आपत्कालीन उद्धार तथा खोजी कार्यका नाममा कति हेलिकप्टर उडिरहेका हुन्थे होलान् ! यति बेला म नेपालका हेलिकप्टर व्यवसायीहरूलाई सम्झिरहेछु ।

अनगन्ती पदयात्री पाइला चालिरहेका छन्, मेरा अगाडि र पछाडि । थुप्रै यात्रीहरू घोडामा सवार छन् । घोडा चढ्नेकै लस्करमा छिन्, हाम्रो समूहकी राधिका ।

बाटो छेउछाउ रङ्गीन लुङ्दाहरू बताससँग निर्बाध फर्फराइरहेका छन् । सिरेटोले मात्र सुन्न सक्ने कुनै मौन तपस्वीका ओठमा समर्पित मन्त्रजस्ता लाग्छन् ती । हरेक झन्डाको फर्फराहट यात्रुको थकान मेटाउने मधुर धुन बनिरहेको छ ।

याक र च्याङ्ग्रा भेडाको शान्त र धैर्यपूर्ण चाल हेर्दा यात्राको प्रत्येक पाइला धैर्य र सहनशीलताले मात्र सार्थक हुन्छ भन्ने अनुभूति मनमा गहिरिन्छ ।

पाइला निरन्तर अघि बढिरहेछ, अनन्त क्षितिजलाई भेट्न खोजेजस्तो । बाटोभरि धूलाका कणहरू बताससँगै नाचिरहेका छन् । यस्तो लाग्छ- ती कणहरू प्रकृतिले श्रद्धाका फूलका रूपमा हाम्रो बाटोमा बिछ्याइरहेको छ ।

थारबोचेबाट ४० मिनेट हिँडेपछि ताम्दिङ दोखाङ पुग्छौं । चिया पिउन र चाउचाउ, पानी तथा अन्य पेय पदार्थ किन्न पाइन्छ यहाँ । यो पसल देख्दा नेपालका पदमार्गमा भएका टी-हाउसको झल्को आउँछ मलाई ।

यहीँबाट देखिन्छ कैलाशको पश्चिम मोहडा र धर्तीमा थुपुक्क बसेका चट्टानी पहाड । कैलाशका वरपरका ती पहाडमध्ये एउटा 'शिवजीका

वाहन नन्दी' र बाँकी पाँचवटालाई 'पञ्च गणेश' रे सरोजका अनुसार। रुट्ट हेर्दा कठोर र रहस्यमय देखिने ती पहाड सुकुमार बादलसँग लुकामारी गर्दै अनौठो सौन्दर्य सिर्जना गर्दै छन्।

पहाडहरू प्रकृतिका अटल अंश हुन् र आस्थाका मौन प्रतीक पनि। मानव सभ्यता, इतिहास र संस्कृतिसँग पहाडका सम्बन्ध सदियौँदेखिको हो। पुरातन संस्कृतिमा यी चट्टानी पहाडलाई पवित्र मानेर श्रद्धा अर्पण गर्ने र आस्था एवम् विश्वासका उज्याला प्रतीकका रूपमा पूजा गरिँदै आएको छ। पहाडप्रतिको सम्मान आजपर्यन्त अक्षुण्ण छ।

अगाडि बढ्दै गर्दा देखिन्छ जोर पैतालाको छाप।

"यस्तो पाइला कैलाश पर्वतका चारै दिशामा देखिन्छ, थाहा छ किन ? मलाई सोध्छन् सरोज।

उनको प्रश्नले मेरो मनमा कुतूहल जाग्छ।

"किन हो त ?" सोध्छु म।

त्यसपछि सरोज हाँस्दै उनले सुनेको एउटा रोचक कथा सुनाउँछन्-

"लङ्काका राजा रावण परम शिवभक्त थिए। उनी आफ्नो शक्ति र वैभवमा ठूलो घमण्ड राख्ने पात्र पनि थिए। एकदिन उनले 'भगवान् शिवलाई नै लङ्का लैजान सकेँ भने म उहाँको सधैँ सेवा गर्न सक्छु' भन्ने सोचेछन्। त्यही सोचले उनको साहसको सीमा नाघ्यो। उनले कैलाश पर्वत उचाल्न थालिहाले। त्यस बेला भगवान् शिव ध्यानमा लीन हुनुहुन्थ्यो। उहाँले थाहा पाउनुभयो कि कसैले कैलाश नै उचाल्ने दुस्साहस गरेको छ। तत्क्षणमा शिवजीले एक खुट्टा कैलाश पर्वतमाथि राख्नुभयो। शिवजीको त्यो एक पाइला नै पर्याप्त भयो। रावण पर्वतमुनि थिचिए। पीडामा परेका रावणले भगवान्को स्तुति गर्न थाले। शिवजीले रावणलाई क्षमा दिनुभयो रे।"

यही कथाअनुसार कैलाश पर्वतको एकातिर भगवान् शिवको पैतालाको छाप देखिन्छ जुन उनले पर्वत थाम्दा बसेको पैतालाको छाप हो।

कैलाशको चारै दिशामा पाइला देखिनुको अर्थ भने अझै गहिरो छ।

सरोज भन्छन्-

"शिव त केवल एउटै ठाउँमा होइन, सर्वत्र हुनुहुन्छ। उत्तर, दक्षिण, पूर्व र पश्चिम चारै दिशामा उहाँका पाइला देखिन्छन्। यो सर्वव्यापकताको प्रतीक हो। भगवान् शिव केवल एक व्यक्तिमा सीमित हुनुहुन्न। उहाँ सम्पूर्ण अस्तित्वमा व्याप्त हुनुहुन्छ।"

चारै दिशामा पाइला देखिनु भनेको चार मुख्य धर्म हिन्दू, बौद्ध, जैन र बोनको आस्था यहाँ जोडिएको छ भन्ने सन्देश होला भन्ठान्छु म।

कोही तिब्बती पालैपालो पैतालाको छापमा ढाड दल्दै गरिरहेका देखिन्छन्।

म उत्सुक हुँदै सरोजसँग सोध्छु, "किन त्यसो गरेको?"

"यो यहाँको जनविश्वास र परम्परा हो। छापमा ढाड दल्दा दुखेको ज्यानलाई आराम मिल्छ र शरीरमा नयाँ ऊर्जा सञ्चार हुन्छ," भन्छन् उनी।

केही बेर मौन रहन्छु।

मानव मनले पीडा कम गर्ने सरल उपाय खोजेरै प्रकृतिसँग यति गहिरो सम्बन्ध गाँसेको होला भन्ठान्छु म।

दिराफुकबाट फर्किरहेका तिब्बतीहरू भेटिन्छन्। थकानले अनुहारमा गहिरा रेखा कोरे जस्तो लागे पनि तिनका नजरमा एउटा अपूर्व तेज झल्किरहेको छ। ती नयनहरूले जीवन, भक्ति र हिमाली शून्यताका बीचमा पाइने शान्तिको मौन कविता वाचन गरेजस्तै लाग्छ।

मैले भेटेजति सबैलाई अभिवादन गर्छु-

"तासी दिलेक!"

जब उनीहरू मधुर मुस्कानका साथ “तासी दिलेक” ले अभिवादन फर्काउँछन्, तब मलाई लाग्छ- उनीहरूको यो प्रत्युत्तर मेरो आत्मासित स्पर्श गर्ने एउटा प्रस्ट सन्देश हो। उनीहरूको हाँसो हिमाली बतासमा मिसिएर गुन्जिए जस्तो लाग्छ। उनीहरूको सरलता र आत्मीय मुस्कानले अरू बढी छुन्छ मलाई।

‘तासी दिलेक’ नै हाम्रो संवादको पुल बनेको छ। यही शब्दमा हाम्रो मनका बह पोखिन्छन् र विचारहरू आदान-प्रदान हुन्छन्। म सोच्छु- मलाई तिब्बती भाषा आउने भए, कति धेरै कथा, कति धेरै अनुभूति र कति धेरै हिमाली रहस्यहरू सुन्न पाउने थिएँ होला! तर शब्दभन्दा गहिरो छ तिनका आँखाको भाषा, मुस्कानको संवेदना र हावामा मिसिएको आध्यात्मिक आत्मीयता।

तिब्बती भेषभूषाको सौन्दर्य असाध्यै मनपर्छ मलाई। पुरुषहरूले बाक्लो कपडाको छुपा लगाएका छन्। कतिपयले यसको बाहिरी भाग एकतर्फी तानेर कम्मरमा बाँधेका छन्। उनीहरूको सेतो कमिजजस्तो भित्रीवस्त्रले हिमालको शुद्धता झल्काउँछ। उनीहरूको टाउकाको गोलाकार किनारा भएको परम्परागत टोपीले कठोर मौसमसँग जुध्ने सहनशीलतालाई झल्काउँछ।

महिलाका पोसाक त झनै आकर्षक। पैतालासम्म छोपिने छुपाले उनीहरूको जीवन यात्राजस्तै गहिराइ बोकेको अनुभूति दिन्छ। कम्मरमा बाँधिएको रङ्गीन तीनधर्से पाङ्देन विवाहित महिलाको पहिचानमात्र नभई परिवारको आधारशिला बनेर उभिएको नारीशक्तिको प्रतीकजस्तै प्रतीत हुन्छ। श्यामो (टोपी) ले शालीनता थपेको छ भने, मुगाको मालाले तिब्बती परम्परालाई जोगाएको छ।

उनीहरूको पहिरनले तिब्बती सभ्यताको प्रतिविम्ब दिन्छ। यसको माध्यमबाट उनीहरूको सभ्यताको ऐतिहासिक, सांस्कृतिक र सामाजिक पाटो प्रकट हुन्छ। उनीहरूसँग जम्काभेट हुँदा सिङ्गो तिब्बती भूगोलका सजीव चित्र आफ्नै मौलिक रङमा झल्किएझैं लाग्छ।

उचाइको प्रभाव महसुस गर्नुपरेको छैन मैले किनकि सम्म भूगोलमा हिँडिरहेको छु । वरपरको शान्ति र मेरो यात्राको उद्देश्यले मलाई छिटोछिटो पाइला चाल्न प्रेरित गरिरहेछ ।

अगाडि बढ्दै जाँदा दृष्टिमा पर्छ- कैलाश पर्वतको पश्चिम मोहडा । त्यसको धवल चमकले तिरिमिरी बन्छन् मेरा आँखा। यही मोहडाको सामु खडा छन्, खैरा रङका चुच्चा पहाड, मानौँ कैलाशका अङ्गरक्षकझैँ अडिग र सजग। यी पहाडहरू कैलाश पर्वतको अनन्त कथा र इतिहासका मौन साक्षी बनेका छन्। उनीहरूमा पनि कैलाशकै जस्तो विशालता, शक्ति र गरिमा समेटिएझैँ लाग्छ।

पश्चिम मोहडाको ठीक अगाडि बौद्धध्वजा अर्पण गरिएका छन् । समर्पणका पवित्र मन्त्र आकाशभरि फैलाउने बौद्धध्वजा कहाँ कहाँ टाँगिएका छन् भन्नुभन्दा पनि कहाँ छैनन् भन्ने जस्तो लाग्छ। सम्भवत: यी ध्वजा भक्ति र आस्थाले कैलाशपतिलाई अर्पण गरिएका हुन्।

त्यही अगाडि छ्याकछेल विधिमा कैलाशलाई साष्टाङ्ग दण्डवत् गरिरहेका छन्, केही श्रद्धालु तिब्बती। शरीर धुलाम्य भए पनि आस्थाले उज्यालिएका छन् उनीहरूका मुहार। कैलाशको बर्फिलो छायामा समर्पणको यो दृश्य अजीव लाग्छ मलाई। हरेक पटक माटोसँग टाँसिदै उठ्ने र हरेक पटक झुक्दै फेरि अघि बढ्ने उनीहरूको आस्थाप्रतिको समर्पण देखेर म चकित हुन्छु।

त्यहीँ नजिकै उभिएर एक चिनियाँ यात्री क्यामेरामा यो पवित्र दृश्य कैद गरिरहेका छन्।

कुतूहल हुन्छ मलाई।

के कैद गरिरहेका होलान् उनले क्यामरामा ?

श्रद्धा ?

समर्पण ? वा,

मात्र दृश्य ?

खैर, त्यो त उनी नै जानून् । यद्यपि म महसुस गर्छु, छ्याक्छेल गरिरहेका तिब्बतीका भावनाका पर्वत पनि उत्तिकै विशाल छ ।

म ती चिनियाँ यात्री समीपमा पुग्छु ।

'नि हाउ ! नि शः इन्तुरन् मा ? (नमस्कार तपाईं इन्डियन हो ?) मलाई सोध्छन् उनी ।

पु, ओ शः निपोर् रन् । (होइन, म नेपाली हुँ) मेरो जवाफ ।

चीनको राजधानीबाट आएका रहेछन् उनी ।

भन्छन्- "छुइ नेन्, ओ व छ्वी ल निपोर् । निपोर् शः इग मइ ली त क्वच्या ।" (गतवर्ष, म नेपाल गएको थिएँ । नेपाल एउटा सुन्दर देश हो)

"शेशे नि !" (धन्यवाद) दिन्छु म ।

"ओ खइ कै नि पाइचाव मा ?" (तपाईंसँग फोटो लिन सक्छु ?) सोध्छन् उनी ।

"ख इ !" (अवश्य) भन्छु म ।

अरू केही बेर कुराकानी गर्न पाएको भए त बिर्सँदै गएको चिनियाँ भाषा अभ्यास गर्न पाउने रहेछु । तर केही स्न्याप तस्बिर लिएर उनी बत्तिन्छन् ।

औसत चिनियाँ उचाइ, खँदिलो ज्यान र गहुँगोरो वर्ण । निकै रसिला र हँसिला देखिन्थे उनी । कुराकानीका क्रममा उनी खुसी हुँदै खुलेर हाँसे । उनको हाँसोमा अपार सन्तोष र आत्मविश्वास झल्किन्थ्यो । चिनियाँहरू समृद्धिको शिखरमा पुगेका छन् । चीनको समृद्धिको बगैँचामा फुलेको एउटा सुन्दर फूलझैँ लाग्थे उनी ।

वास्तवमा त्यो छोटो पल रमाइलो थियो । उनको हाँसो बनावटी थिएन । चिन्ताको छाया नै थिएन उनमा । थियो त एउटा अप्रतिम प्रसन्नतामात्र । यो यात्रामा अहिलेसम्म भेटिएका यात्रीहरूमा उनीमात्र सबैभन्दा खुसी पाएँ ।

खैर, हाँस्न त हामी नेपाली पनि हाँस्छौँ। तर समृद्धिको त्यो गहिरो हाँसो हाँस्न पाउने दिन चाहिँ कहिले आउला ?

क्षणिक मात्र थियो उनीसँगको त्यो क्षण किन्तु उनको हाँसोको प्रतिध्वनि भने मेरो कानमा लामै समयसम्म गुन्जिरहन्छ।

प्राचीन र पवित्र मानिएको मार्ग हिँडिरहेको छु म। यति बेला अठोटपूर्ण यात्रामा अगाडि बढिरहेका श्रद्धालुहरूको साक्षी बनेको छ कैलाश पर्वत। तिब्बती, चिनियाँ र भारतीय मूलका एनआरआई र उल्लेख्य सङ्ख्यामा नेपालीले पदमार्ग ढाकिएको छ। निकै भयो, चीनले भारतीय नागरिकलाई प्रवेश निषेध गरेको। उनीहरूका लागि फेरि प्रवेश खुला हुने हो भने त यस मार्गमा मानव सागर नै उर्लन्थ्यो होला। अनि दिराफुकका सीमित होटलहरूले के धान्नु ! कल्पना गर्छु म।

यात्रा गर्दैगर्दा जीवन्त दृश्यहरूको सिलसिला निरन्तर अघि बढ्छ। कतिपय भक्तजन घामको राप र थकानले थकित भई विश्राम लिँदै छन् त कोही आफ्ना यात्राका क्षणलाई क्यामेरामा कैद गर्दै। कोही कोही टिकटक बनाइरहेछन्। जीवनका अनेक लहरहरूको सम्मिलनजस्तै लाग्छ मलाई। यात्रा एउटै, अनुभूति पृथक्। भिन्न कथा र यथार्थको अपूर्व सङ्गम।

हातमा त्रिशूल लिएका दुई भक्तजन हठात् भेटिन्छन्। उनीहरूको अनुहारमा उत्साह र भक्ति झल्किरहेको महसुस गर्छु म।

हामीबीच हाइहेल्लो हुन्छ, मुस्कान साटिन्छ।

संवाद गर्दा थाहा पाउँछु- उनीहरू मलेसियाली नागरिक रहेछन्।

उनीहरू त्रिशूल बोकेर यात्रा गर्दा आफूलाई शिवसँग अझ नजिकिएको अनुभूति गर्छन्, मानौँ- उनीहरू आध्यात्मिक ऊर्जाले भरिपूर्ण भएका छन्।

त्रिशूल- भगवान् शिवको शक्तिशाली अस्त्र। त्रिशूल- शुद्धता र ऊर्जा जगाउने अनि अवरोध नष्ट गर्ने साधन। यसको तीन टुप्पा- सृष्टिकर्ता,

पालनकर्ता र संघारकर्ताको प्रतिनिधित्व मात्र होइन; अतीत, वर्तमान र भविष्यको सङ्केत पनि हो। त्रिशूलले शारीरिक, मानसिक र आध्यात्मिक कष्टलाई समेत परास्त गर्छ भन्ने मान्यता छ। उनीहरूका हातमा भएको त्रिशूल आत्मशुद्धि र भक्ति प्रवाह गर्ने एक अनुपम माध्यमजस्तो लाग्छ।

ढुङ्गेनी मार्ग हुँदै अघि बढ्दै छौँ। खस्रिएका ढुङ्गाहरूले बाटोलाई अप्ठ्यारो बनाए पनि खोलाको शीतल बतासले यात्रालाई सहज बनाइरहेको छ।

हिँड्दै जाँदा अगाडि शिलाकूट देखिन्छ- समयले कोरेको अद्भुत शिलालेखजस्तो। त्यसको गहिराइमा लुकेको इतिहास र मौनताले एकक्षण रोकिन बाध्य तुल्याउँछ मलाई।

शिलाकूटहरूको शान्ति र प्राकृतिक सौन्दर्यले निश्चय पनि यस स्थानमा सदियौँको सम्झना लुकेको छ। पानीको कलकल आवाज र शिलामा कोरिएका पुराना आकृतिहरूले त्यो ठाउँलाई अझ रहस्यमय र मोहक बनाएको छ। यात्रामा यस्ता क्षणहरू एकदमै विशेष लाग्छन् मलाई।

दुई घण्टाको सहज यात्रापछि बाटो बिस्तारै उकालिन्छ।

शीतल छ यति बेलाको मौसम। बाटोलाई चारैतिरका रमणीय दृश्यहरूले घेरेका छन्। तीर्थयात्रीहरू प्रार्थना गर्दै अघि बढिरहेका छन्।

कैलाशको उत्तरी मोहडा देखिँदा लाग्छ- कैलाशले भक्तजनलाई आशीर्वाद दिन अघि सर्दै छ। यो पर्वतमा कुनै अदृश्य शक्ति छ, जसले समस्त तीर्थयात्रीलाई एउटा दिशा दिइरहेको छ।

भक्तजन एकै स्वरमा कराउँछन्-

"जय भोले !"

उनीहरूको आवाजले प्रतिध्वनित हुन्छ वातावरण। म गुञ्जनको गहिराइमा डुब्छु। यस्तो लाग्छ कि कैलाशको आत्मा यहाँ उपस्थित भएको छ र हामी तीर्थयात्रीहरू मात्र यो भव्यताको साक्षी हौँ। शान्ति र श्रद्धाले

यो क्षणलाई दिव्य बनाउँछ । लाग्छ- यहाँ केवल आस्था र भक्ति प्रवाहित भइरहेको छ ।

उकालो चढ्दै गर्दा सरोजलाई भेट्छु ।

"दिराफुक आइपुग्नै लाग्यो दाइ," मुस्कुराउँदै भन्छन् उनी ।

म उत्सुकतासाथ सोध्छु- "अब कति बेर लाग्छ ?"

लुङ्दरजडित डाँडोतर्फ औंलो ठड्याउँदै उनी भन्छन्- "उ: . त्यही मुनि हो । बीस मिनेट जति लाग्ला कि !"

अन्तिम उकालो पार गर्दै हामी उत्तरी मोहोडाबाट बग्ने ल्हा छु (खोला) को पुल तर्छौं । सिरेटोले कहिले मेरो गाला चड्काउँछ त कहिले घुच्चुकमा लात्ती बर्साउँछ । म गहिरो श्वास तान्छु, सुस्तरी पाइला सार्छु किनकि दिराफुक अब टाढा छैन ।

उकालिँदै गर्दा पहाडको फेदमा आजको विश्रामस्थल देखिन्छ । थकाइले गोडाहरू भारी हुँदै गएका छन्, श्वास गह्रुङ्गो हुँदै छ ।

हरेक पाइला मलाई लक्ष्यतर्फ नजिक पुऱ्याइरहेको छ । हावाको तीव्र झोक्काले पछार्न खोजेझैं गर्छ तर म हावाको वेगलाई जित्दै निरन्तर अगाडि बढिरहन्छु ।

लामो लामो श्वास तान्दै म गेस्टहाउसको ढोकाबाट भित्र पस्छु । दिराफुकको कठोर यात्रा आजका लागि यहीं टुङ्गिन्छ ।

घडी हेर्छु- २:३० बजेको रहेछ ।

साधारण तर स्वादिलो लन्च बाटोमै गरिएको थियो ।

होटलभित्रको कुर्सीमा केही क्षण विश्राम लिँदै हल्का बनाउँछु मन र शरीर दुबैलाई ।

त्यसपछि उचाइअनुकूलनका लागि दिराफुक डाँडातिरको बाटो समात्छु । बिस्तारै उकालो चढ्दै त्यहाँसम्म पुगेर हावासँग श्वास मिलाउँदै फर्कन्छु ।

शुकमानले स्नेहले तयार पारेको गर्मागर्म कफीको चुस्की लिँदै म झ्यालबाट बाहिर हेर्छु । बेलुकीपखको सुनौलो किरणले कैलाश पर्वतको उत्तरी मोहोडालाई नुहाइरहेको छ । त्यो अनुपम दृश्यले मेरो थकानमात्र होइन, सम्पूर्ण शरीर र मन पनि हलुका बनाइदिन्छ ।

कैलाशतिरबाट बहेको चिसो हावाले गेस्टहाउसको मूलगेट ढक्ढक्याउँदै छ । लुङ्दरहरू निरन्तर फर्फराइरहेका छन् मानौँ, हरेक ध्वजाराशिले मेरो यात्राका अनुभूतिहरू बोकेर देवलोकसम्म पुर्‍याइरहेछन् । कैलाश पर्वतको छायामा बिताएको आजको दिन थकाइसँगै आत्मिक शान्तिको गहिरो स्पर्श बोक्दै ओझेल पर्छ ।

रहस्यहरूमा रुमलिँदा

जसले सुखद साँझ बिताउँछ, ऊ भोलि उज्यालो दिनको स्वागत गर्न तयार हुन्छ।

कैलाश चरण स्पर्शको मार्गमा पहिलो कदम उठाउनै लाग्दा यो प्रचलित भनाइ सम्झन्छु म।

साँच्चै नै सुखद थियो, दिराफुकमा बिताएको अघिल्लो साँझ। नीलो आकाशमुनि ठिङ्ग उभिएको कैलाश पर्वत। त्यसको काखमा बसेको शान्त बस्ती। थकान बिर्साउने होटल। भवन विशाल भए पनि परम्परागत तिब्बती घरकै विकसित रूप हो यो गेस्टहाउस। तिब्बती संस्कृतिको प्रतिविम्ब देख्न सकिन्छ यहाँ।

बाहिरको बतासले शरीर कठ्याङ्ग्रिए पनि भित्रको वातावरण न्यानो, आत्मीय र स्वागतपूर्ण लाग्छ। होटलको भित्रको खुला स्थानमा खुला ठाउँमा सजाइएका छन्, टेबल-कुर्सी। हामीले त्यहीं बसेर स्वादिला परिकारहरूको स्वाद लियौं।

यति बेलासम्म समूहका सबै सदस्यहरू मसँग खुल्न थालिसकेका छन्। हिजोको साँझ रमाइलो कुराकानीको रसमा बगाएथ्यौं। आज पनि रमाइलो गर्दै अनुभव बाँड्ने लहर निरन्तर चलिरहेको छ। मसँग कोमल संवाद गर्छन् श्यामलाल र बेङ्कटेश्वर राव। आत्मीयताको ऊर्जाले भरिएको छ हामी यात्रीको मन।

पूर्वी क्षितिजबाट निस्केको घामको झुल्को कैलाशको शिखरमा ठोकिँदा टर्चलाइटको ज्योतिजस्तै चम्किरहेको छ, जुन दृश्य प्रकृतिले कोरिदिएको एक दिव्य चित्रजस्तै लाग्छ । घामको किरण दिराफुकमा ढलीमली गर्दा बिलाउँदै छ, गए राति परेको तुसारो । म पनि दिराफुकको घाममा नुहाउँछु । शरीरमा न्यानोपन फैलिन थाल्छ ठीक त्यसै गरी, जसरी मलाई यो यात्राले बिस्तारै आत्मसात् गर्दै लगिरहेको थियो ।

आत्मा उज्यालो पार्ने दिव्य ज्योतिजस्तै लागिरहेछ आजको घाम । हिमालमाथि फैलिएको सुनौलो आभाले दिराफुकलाई रमणीय बनाएको छ । बिहानको यो शान्ति र सौन्दर्यलाई महसुस मात्र गर्न सक्छु ।

एउटा भनाइ रहेछ यहाँको- 'जो दिराफुक आइपुग्छ, उसले कैलाशलाई नजिकबाट नियालिसकेको हुन्छ ।'

हो, मैले हिजैको दिन आस्वाद गरिसकेको थिएँ मनमोहक दृश्य। साँच्चै, अवर्णनीय छ यहाँबाट देखिने कैलाश पर्वतको उत्तरी मोहडाको दृश्य । हिजो दिराफुकमाथिको डाँडोसम्म पुग्ने गोरेटोमा पाइला राख्दा लाग्थ्यो, शून्यताको बीचमा एक अदृश्य ऊर्जा बगिरहेको छ, जसरी बगिरहेछ ल्हा छु खोला ।

तिब्बतको पवित्र भूमिमा आध्यात्मिक मनहरू भौतारिन्छन्, विश्वास र भक्ति बोकेर । नूतन अनुभूति गराउँछ यहाँको हरेक क्षणले ।

यात्रा तालिकाअनुसार अतिरिक्त हामी रात बिताउँदै छौँ दिराफुकमा । कैलाश परिक्रमा गर्ने सबै तीर्थयात्री यहाँ अनिवार्य रूपमा रोकिन्छन् । यो अतिरिक्त बास आरामका गर्न र उचाइ अनुकूलनका लागि पनि अपरिहार्य छ ।

दिराफुकमा सुनौलो सौर्य आभा फैलिँदै गर्दा हामी नास्ताका लागि भेला हुन्छौँ ।

त्यही बेला पेम्पा र सरोजले हाम्रा सामु अर्को प्रस्ताव राख्छन्- "हामी चरणस्पर्शसम्मको हाइकिङ गर्दै छौँ ।"

हाम्रो समूहका कसै कसैले शरीरको थकान अभिव्यक्त गर्छन्, तर कैलाशको चरणमा पुग्ने यो दुर्लभ अवसर हो भन्ने बुझ्छु म। पहाडसँग संवाद गर्न र त्यसको शीतलता स्पर्श गर्न मन पराउने यायावर न परेँ !

बिहानको ८ बजेतिर चरणस्पर्शको बाटो समात्छौँ हामी।

जति जति उकालिन्छौँ, त्यति त्यति नै नजिक आउँछ कैलाश।

हाम्रो टोलीको नेतृत्व गर्दै छन् सरोज। हामीभन्दा अगाडि केही नेपाली यात्री धुलोले भरिएको उकालो बाटोमा गहिरो छाप छोड्दै अघि बढिरहेका छन्। हामी उनीहरूका पदचाप पछ्याउँदै, उनीहरूकै संवादमा हराइरहेका छौँ।

एकजनाले उत्सुकतापूर्वक भन्छन्- "रातिं कैलाशमा सात रङका बत्तीहरू देखिन्छन् रे नि !"

"हो, कहिले स्थिर बल्छन्, कहिले एकाएक बिलाउँछन्," अर्काले थप्छन्।

आफैँ देखेर भनेका हुन् वा कसैले भनेको सुनेर, त्यो उनीहरू नै जानून्, किन्तु उनीहरूको स्वरमा विस्मय भाव मिसिएको छ। मैले 'नि यसबारे प्रशस्तै सुनेको छु। अरू 'डमरु' बजेको र 'ॐ' को रहस्यमय आवाज सुनिन्छ भन्ने पनि छ।

वैज्ञानिकका अनुसार बरफ पग्लेर खस्दा यस्तो आवाज आउन सक्छ। यसबाहेक प्रकाश र ध्वनिको सङ्गमले पनि यस्तो आवाज उत्पन्न गर्न सक्छ भन्ने भनाइ छ। यद्यपि स्वयम् कैलाशको काखमा आइपुगेको पहिलो अवसर हो। गएराति चारचोटि बाहिर निस्कँदा पनि त्यस्तो महसुस गर्ने अवसर भने पाइनँ। केवल स्थिर देखिन्थ्यो कालो आकाशमुनि सेतो हिउँले ढाकेको कैलाशको टुप्पो। जूनको उज्यालोमा अनगन्ती रत्नझैँ टल्किरहेका थिए, तुसारोका कण। बस् यति मात्रै हो मैले देखेको।

बत्तीहरू देखिनुलाई केहीले आध्यात्मिक सङ्केत मान्छन् भने केहीले कैलाशको ईश्वरीय शक्ति। कारण जे होस्, उनीहरूको भनाइले कुतूहलता जगाइदिन्छ मेरो हृदयमा।

उनीहरूको संवाद सुन्दा यस्तो लाग्छ- कैलाश एउटा जीवित शक्ति हो। यसले आस्थालाई परीक्षण गर्छ। मनलाई शान्त बनाउँछ र अव्यक्त गहिराइमा डुबाउँछ।

यस्ता रहस्य कैलाश पर्वतमा मात्र सीमित छैनन्। हाम्रो देशको दोलखा भीमसेन पनि यस्तै अनौठो घटनासँग जोडिएको छ। भीमसेनको कालो मूर्तिमा आउने पसिनालाई ठूलो दुर्घटना वा परिवर्तनको सङ्केत मानिन्छ। पसिना आएको बेला मूर्ति कालोबाट हल्का खैरोजस्तै देखिन्छ। मूर्तिको रङ नै परिवर्तन हुनु सामान्य प्राकृतिक प्रक्रिया किमार्थ होइन भन्ने पनि छन्। के यो संयोग मात्र हो, वा कुनै अदृश्य शक्तिको सङ्केत ? आजपर्यन्त कसैले यकिन गर्न सकेका छैनन्।

केही वैज्ञानिकले कैलाश पर्वतको ऊर्जा क्षेत्रलाई पृथ्वीको विशेष चुम्बकीय प्रभावसँग तुलना गर्दै प्रकाश र ध्वनिको अपूर्व संयोजनले रहस्यमयी दृश्य जन्माउने लख काट्छन्। उता दोलखा भीमसेनको मूर्तिमा आउने पसिनालाई तापक्रम, आर्द्रता वा कुनै रासायनिक प्रतिक्रियाको परिणामका रूपमा हेर्छन्। यद्यपि यसले जनमानसमा रहेको गहिरो आस्थालाई कहिल्यै मेटाउन सकेको छैन। त्यसो त आस्था र विज्ञान कहिलेकाहीँ परस्पर विरोधी देखिए पनि दुवै सत्यको खोजीमै अग्रसर हुन्छन्।

कैलाश पर्वतको ओझेलमा उभिँदा म सोच्न बाध्य हुन्छु- हामीले देखेको र नदेखेको संसारको बीचमा अझै कति रहस्यहरू लुकेका होलान्? के यी रहस्य कहिल्यै पूर्ण रूपमा उद्घाटित होलान्, वा सधैँ विश्वास, आस्था र किंवदन्तीका रूपमा रहस्यकै गर्भमा रहिरहलान्?

रहस्यमा रुमलिँदै म एकछिन आकाशतिर हेर्छु।

कल्पना गर्छु- अहिले नै ती सात रङका बत्तीहरू देखा परिदिए हुन्थ्यो नि!

फेरि प्रश्न गर्छु आफैँलाई- के म त्यो दिव्य सङ्केत वा भौतिक सत्य बुझ्न सकुँला त?

समय, शान्ति र रहस्यको सङ्गमतर्फ डोऱ्याइरहेछन् सरोजले । हरेक पाइलाले मलाई कैलाश पर्वतको इतिहास र आस्थाका तहतर्फ अझै गहिराइमा डुबाइरहेको छ । हिन्दू धर्मावलम्बीका लागि यो भगवान् शिव र माता पार्वतीको दिव्य निवासस्थल हो, जहाँ उनीहरू तपस्यामा लीन हुन्छन् । यो हिमाललाई महादेवको स्थायी ध्यानस्थली मानिन्छ ।

तर कैलाशको महिमा केवल हिन्दू धर्ममा सीमित छैन । जैन धर्मअनुसार, यहीँ २४ तीर्थंकरमध्ये प्रथम तीर्थंकर ऋषभनाथ (जसलाई आदिनाथ पनि भनिन्छ) ले मोक्ष (निर्वाण) प्राप्त गरेको स्थान हो । जैन धर्मावलम्बी यसलाई 'अष्टपद' नामले पुकार्छन् अर्थात् आठ चरण पार गरेर मुक्ति प्राप्त हुने पवित्र स्थानका रूपमा । अष्टपद भन्नाले "आठ चरण भएको स्थान" भन्ने अर्थ हुन्छ । यो कैलाश पर्वतकै छेउछाउमा रहेको विश्वास गरिन्छ । मोक्ष प्राप्ति स्थल भएकाले जैन धर्मावलम्बीका लागि अत्यन्त पूजनीय छ ।

बोन धर्मले प्रकृतिलाई परम देवता ठान्छ । उनीहरू कैलाशलाई आकाशदेवीको आसन मान्छन् । कैलाश पर्वत क्षेत्रमा बोन धर्मका गुरु सेन्पो मिरापले उपदेश दिएको भन्ने विश्वास गर्छन्, बोन अनुयायीहरू । बोन धर्म तिब्बतको प्राचीनतम धार्मिक परम्परा हो । तिब्बतमा बुद्ध धर्म भित्रिनु अघि नै यो परम्परा झाङझुङ राज्य (अहिलेको पश्चिम तिब्बत) सम्म फैलिएको थियो । यही भूमि (कैलाश र मानसरोवरको वरिपरि) लाई बोनहरूको उद्गमथलो मानिन्छ । बोन अनुयायीका लागि सम्पूर्ण ब्रह्माण्डको ऊर्जा कैलाशमै केन्द्रित छ भन्ने छ । उनीहरूका अनुसार कैलाश संसारकै नाभि हो, जहाँबाट चार दिशामा शक्तिशाली ऊर्जाहरू प्रवाहित भइरहन्छन् ।

तिब्बती बौद्ध धर्मावलम्बीहरू कैलाश पर्वतलाई 'काङ रिम्पोचे' भनेर पुकार्छन् । उनीहरू विश्वास गर्छन् कि यस पवित्र पर्वतमा चक्रसंवर बोधिसत्त्व (ध्यानदेवता) को वास छ । परम आनन्द र मुक्तिको प्रतीक भएकोले बौद्ध धर्मावलम्बीहरू मुक्तिको आकाङ्क्षा बोकेर कैलाशको परिक्रमा गर्न आइपुग्छन् । चार धर्म, चार दृष्टिकोण तर गन्तव्य एउटै ।

निक्खरा कालो पत्थर, तीखा कोणहरूसँग काटिएका जस्ता समतल भित्ता र आकाशतर्फ तेर्सिएका अद्भुत आकार। कैलाश पर्वत कुनै साधारण हिमालजस्तो कहाँ देखिन्छ र ! यसको बनावट नै यस्तो छ, जुन प्रकृतिको स्वत: निर्मित संरचनाभन्दा पनि कुनै अलौकिक कलाकारको हातले कुँदेर उभ्याएजस्तो। कहिले म यसलाई पिरामिडजस्तै देख्छु। कहिलेकाहीं यस्तो लाग्छ, कुनै दिव्य शक्तिले नै यो पर्वतलाई समयको आरम्भमै यत्तिकै थुपुक्क उभ्याइदिएको हो।

कैलाश पर्वतको ६,७१४ मिटर उचाइ केवल यसको चुचुरोसम्म सीमित छैन, यसको अर्थ जति गहिराइमा खोजिन्छ, त्यति नै गूढ र रहस्यमय प्रतीत हुन्छ। भौगोलिक रूपमा यो हिमालय शृङ्खलाको भाग होइन। यो ट्रान्स-हिमालयन क्षेत्रमा पर्ने एक टाकुरो हो। जब म कैलाशलाई नियाल्छु, मेरो मनले हिमालयको आत्मा ठान्छ। एउटा अनौठो संयोग के भने कैलाश पर्वतबाट उत्तरी ध्रुव ६,६६६ किलोमिटर टाढा छ, र दक्षिणी ध्रुव १३,२३२ किलोमिटर। यी दूरी के संयोग मात्र होलान् र ? कि कुनै अदृश्य शक्ति वा नियमले यसलाई पृथ्वीको मध्यविन्दुमा राखिदिएको हो ? अझै अनुत्तरित छ यो रहस्य।

संसारको सबैभन्दा अग्लो चुचुरो सगरमाथा उचाइले चिनिन्छ त कैलाश ऊर्जाले। ब्रह्माण्डकी देवी मानिने उही सगरमाथा आज मानिसको विजयको गाथा बनेको छ त कैलाश अजेय पर्वत तथा आत्माको यात्रा। अब म कैलाशलाई भौगोलिक संरचनामात्र भनूँ कि आध्यात्मिक धुरी ?

कैलाश क्षेत्रमा समयको चाल पृथ्वीका अन्य भागभन्दा फरक छ भनिन्छ। यहाँ बिताएका १२ घण्टा बाहिरी विश्वका दुई हप्तासरह हुन्छन् रे। के यो कुनै ब्रह्माण्डीय रहस्य हो वा हाम्रो चेतनाको भुलभुलैया ? म बुझ्नै सक्दिनँ।

देवत्वको प्रतीक मानिने कैलाश पर्वत, समय र मानव महत्त्वाकाङ्क्षाको सीमाभन्दा परको पहाड हो। भनिन्छ, एघारौँ शताब्दीमा महायोगी मिलारेपाबाहेक अरू कुनै मानव पुगेका छैनन् यो शिखरमा।

समयक्रममा कतिपय पर्वतारोहीले कैलाश आरोहण गर्ने अभिलाषा राखे। सन् १९२६ मा बेलायती आरोही ह्यु रुट्टलेजको टोलीले आरोहणको योजना बनायो तर धर्मगुरुहरूको विरोधले पछि हटेथ्यो।

८,००० मिटरमाथिका नेपालका आठवटै हिमाल सफलतापूर्वक आरोहण गरेका इटालियन पर्वतारोही राइनहोल्ड मेस्नरले कैलाश आरोहणको प्रस्ताव अस्वीकार गरे। उनी सन् १९८० को दशकका विश्वप्रसिद्ध आरोही हुन्।

प्रकृतिले आफ्नै सीमाहरू कोरेको हुन्छ, जुन मानव इच्छाशक्तिले तोड्न सक्दैन। कैलाश पर्वत तिनै सीमाहरूको एउटा दिव्य उदाहरण हो, जहाँ आरोहणको सट्टा नमन गरिन्छ, जहाँ विजयको होइन, समर्पणको अर्थ खोजिन्छ।

समयक्रममा थुप्रै पर्वतारोहीले यस पवित्र हिमालको शिखर छुने आकाङ्क्षा राखे। उनीहरूले चीन सरकारसमक्ष आरोहणका लागि अनुमति पनि मागे, तर ती अनुरोध अस्वीकृत गरिए। धार्मिक, आध्यात्मिक र सांस्कृतिक मान्यतालाई सम्मान गर्दै कैलाश पर्वतलाई मानव पाइला नटेकिएको पवित्र स्थलका रूपमा जोगाइराख्न अन्ततः सन् २००१ मा चीन सरकारले आरोहणमा स्थायी प्रतिबन्ध लगायो। त्यसपछि कसैले पनि इजाजत मागिरहने झन्झट गर्नु परेन।

मलाई पनि लाग्छ, यो संसार मानवको जित्ने ठाउँ होइन, श्रद्धाभाव प्रकट गर्ने र शिर झुकाउने स्थान हो।

दिराफुकमाथिको पहाडको थलीमा पुग्छौँ हामी।

थलीमा पाइला टेक्दै गर्दा वातावरण आफैँले कुनै गहिरो मन्त्र जपिरहेको जस्तो लाग्छ। थलीभरि नै वरिपरि ठूलासाना, ढुङ्गैढुङ्गा छन्। कतै कुनाकाप्चामा पग्लिन बाँकी रहेका हिमशिला पनि देख्न पाइन्छ। रङ्गीन ध्वजाहरू तिनै ढुङ्गाहरूमा अड्काइएका छन्। यहाँका प्रत्येक ढुङ्गाले कैलाशको कथा सुनाएझैँ लाग्छ भने, बौद्ध ध्वजाले प्रार्थनाका भावनालाई बोकेझैँ लाग्छ।

हामी कैलाशको उत्तरी मोहडातर्फ लाग्दै छौँ। यहाँबाट पर्वतको आकृति अझै प्रस्ट देखिन्छ- अडिग, मौन तथा गम्भीर। हेर्दा लाग्छ, यो हिमाल कुनै उज्यालो छाया होइन, बरु कालो शिलामा कुँदिएको समयका गहिरा रहस्य बोकेको एक अद्वितीय शक्ति हो।

दृश्यहरूमा दौडिरहेको मेरो नजर विशाल ढुङ्गाको आडमा बसेर टोलाइरहेका एक विदेशी पर्यटकमा हठात् ठोक्किन्छ। गहिरो र निर्विकार भावमा पर्वतमा अडिएझैँ लाग्छन्, उनका नयन। सायद उनी यो हिमाललाई हेर्दै गर्दा अरू धेरै बुझ्ने प्रयास गरिरहेका होलान् भन्ठान्छु म।

म उनको समीप पुग्छु। हिजै मात्र दिराफुक आउँदै गर्दा बाटोमा मुस्कान साटिएका यात्री नै रहेछन् उनी। छोटो संवाद त भएथ्यो तर परिचय साटेका भने थिएनौँ। समयको धागोले हाम्रो भेटघाटलाई पुनः गाँसेको छ, यो मौन हिमाली परिवेशमा।

यो यात्रामा हरेक भेटघाट संयोगमात्र हुँदैन। मलाई लाग्छ, कुनै न कुनै रूपमा नियतिले रचेका कथाहरू हुन् यी। सायद, आज हामी परिचय साट्नेछौँ, या मौनतामै कुनै नयाँ कथा फस्टाउनेवाला छ किनकि यहाँ शब्दहरूको खासै अर्थ हुँदैन, आँखाले नै धेरै कुरा बोल्न सक्छन्।

स्वतः स्थिर हुन्छन् मेरा पाइला। मनमा कुनै अज्ञात तरलता छाइरहेको छ। एक क्षणका लागि सबथोक शून्यजस्तै लाग्छ।

मुस्कानसहित ती यात्री भन्छन्, “कस्तो अचम्म ! तपाईंलाई मैले हिजो भेटेको थिएँ। आज फेरि भोलेनाथले हामीलाई एकसाथ ल्याइदियो।”

मनमा कुनै संयोगको लहर उठ्छ। सायद यहाँ आउने तीर्थयात्रीहरू आफ्नो इच्छाले मात्र होइन, कुनै अदृश्य शक्तिको बोलावटले आउँछन्।

म जिज्ञासु हुन्छु।

“तपाईं कहाँबाट आउनुभएको ?”

“म भारतीय मूलको हुँ तर हाल अमेरिकामा बस्छु।”

विनीत लाग्छन् उनी। म उनको आवाजमा आध्यात्मिक अनुभूतिको झल्को पाउँछु।

"के यो तपाईंको पहिलो यात्रा हो यहाँ?" फेरि सोध्छु।

"होइन, म सन् २०१२ देखि यो यात्रा गर्दै आएको छु। तर कोभिड-१९ ताक तिब्बत बन्द भएको थियो। त्यसपछि फेरि यात्रामा फर्किएँ।"

मेरो कपालसँग खेलिरहेछ हिम सिरेटो। सरोज र हाम्रो समूह उकालो चढ्दै अघि बढिरहेका छन्। म भने यस अनौठो भेटघाटको गहिराइमा डुबिरहेको छु।

"तपाईंको नाम?"

"सनी यथिराजम्।"

"तपाईंको नि?"

"राजेन्द्र, काठमाडौंबाट।"

उनको आँखामा एउटा अनुभवी यात्रुको चमक देखिन्छ। उनले वर्षौंदेखि कैलाश यात्रा गर्दै आएको सुनेपछि मेरो मनमा उत्सुकता जाग्छ।

"के कारणले तपाईं बारम्बार यो यात्रा गर्नुहुन्छ?"

सनी हल्का मुस्कुराउँछन् र भन्छन्, "खासमा मलाई भोलेनाथबाट बोलावट हुन्छ।"

कति सुन्दर जवाफ!

त्यसपछि उनी थप्छन्, "म भोलेनाथको भक्त हुँ। मलाई शिवजी बस्ने कैलाश पर्वत हेर्न मनपर्छ। हरेकपटक मलाई विमल नहर्कीले यो यात्रा मिलाइदिन्छन्। तपाईं चिन्नुहुन्छ उहाँलाई?"

म झट्ट सम्झन्छु विमललाई।

"चिन्छु नि! उनी मेरा असल मित्र हुन्," मेरो जवाफ।

सनीको दृष्टि कैलाशको मोहडामा केन्द्रित हुन्छ । आँखामा एक किसिमको आस्था देख्छु ।

"तपाईंको नजरमा कैलाश पर्वत के हो ?" मेरो प्रश्न ।

केही क्षण मौन रहन्छन् सनी ।

"तपाईं भन्नुस् त, के देख्दै हुनुहुन्छ कैलाशमा ?" मलाई प्रतिप्रश्न पो गर्छन् ।

के भन्नु खोइ !

"विशाल तर सुन्दर शिला देखिरहेछु," भन्छु ।

उनी भन्छन्, "तपाईंले देखेको त केवल भौतिक रूप हो । यसको आकृति हेर्नुस् त ! विश्वलिङ्गका रूपमा रहेको देख्नुहुन्न र ? तर तपस्या र भक्तिपछि मात्र सम्भव हुन्छ, कैलाशको साँचो दर्शन ।"

उनका अनुसार कैलाशको सूक्ष्म रूप भन्नाले त्यो आध्यात्मिक रूप हो, जुन अन्तर्दृष्टिले मात्र देखिन्छ । मात्र शिला नभएर एक दिव्य ज्योतिका रूपमा प्रकट हुन्छ यो शिला । यही दिव्य ज्योति नै शिवको रूप हो ।

यति गहिरो कुरा कसरी बुझ्नु त मैले ।

सनी भन्छन्- "कैलाश पर्वत यस्तो पर्वत हो जहाँ तपाईंले जे कल्पना गर्नुहुन्छ, त्यो देख्न सक्नुहुन्छ । त्यो हेर्नुस् त ! त्यो गणेश हो, त्यो माता पार्वती, अनि माथिको आकृति चाहिँ शिवजी ।"

उनको औँलाको इसारामा मेरा नजर बुर्कुसी मार्छन् । उनले सङ्केत गरेको आकृति हो जस्तै पनि लाग्छ, होइन जस्तो पनि । प्राकृतिक सौन्दर्यको अर्थमा साँच्चै दिप्तिमान् लाग्छ कैलाश पर्वत । अझ भनौं परम आनन्दको ठाउँ । मेरो मथिङ्गलमा सनीले भनेको गणेश, पार्वती र शिवजीका काल्पनिक आकृति बन्छन् ।

हिउँले बनेका आकृति हेर्दै मन कल्पनामा हराउँछ । साँच्चै, यो पर्वत चट्टान र हिउँले बनेको संरचनामात्र होइन, आस्थाको ऐना हो, जहाँ हरेक

श्रद्धालुले आफ्ना भगवान्‌को रूप देख्न सक्दा रहेछन् ।

सनी पकेटबाट आइफोन निकाल्छन् । स्क्रिनमा उही हिमालयको कथा बोल्ने तस्बिरहरू देखिन्छन् । सन् २०१२ देखि खिचिएका तस्बिरहरूमा उनका यात्रा र अनुभूतिहरू झल्किन्छन् ।

विमल मेरो साथी हुन् भन्ने थाहा पाएपछि उनी अरू खुल्छन् ।

मुस्कानसहित भन्छन्, “तपाईंलाई थाहा छ ? कोभिडअघि मेरो गाइडले मलाई एउटा ढुङ्गा दिएका थिए । मैले त्यो प्रार्थना कोठामा राखेको थिएँ । त्यो पछि गणेशजीको आकृतिमा परिणत भयो ।”

म अवाक् हुन्छु ।

सनी मोबाइलमा त्यो ढुङ्गाको तस्बिर देखाउँछन्, जुन अब गणेशजीको स्वरूपमा देखिन्छ । चकमन्न हिमाली वातावरणमा यो कथा झन् रहस्यमयी लाग्छ ।

सुनाउँदै गर्दा उनी केही भावुक देखिन्छन् ।

थप्छन्, “भोलेनाथले मलाई हरेक वर्ष बोलाइरहेको हुन्छ र, म आइरहन्छु ।”

यसबीच सरोजहरू धेरै माथि पुगिसकेका छन् । म सम्झन्छु- मलाई पनि यात्रा अघि बढाउनु छ ।

सोध्छु, “तपाईं माथि जाँदै हुनुहुन्छ कि तल ?”

“तल,” भन्छन् उनी ।

म फेरि एकपल्ट कैलाश पर्वततर्फ नजर डुलाउँछु ।

सनीसँगको यो संयोग र यो क्षण यात्राको एउटा अमिट अनुभूति बनेर बस्छ मेरो मस्तिष्कमा ।

“बेस्ट अफ लक सनीजी !” म उनलाई मुस्कान दिन्छु ।

“सेम टु यु राजेन्द्रजी !” उनी औपचारिकता पूरा गर्छन् ।

हामी अलग हुन्छौँ, तर हामीलाई जोड्ने सायद कुरा एउटै थियो- भोलेनाथको निमन्त्रणा ।

रहस्यहरूमा रुमलिँदै लाग्छु उकालो ।

पुग्छु ल्हा छु खोलाको किनार ।

ल्हा छु बगिरहेछ । चिसो, शान्त तर अविरल प्रवाह ।

सन्देश छ यहाँ- समयजस्तै जीवन पनि बगिरहन्छ, कहिलेकाहीँ थोरै शान्त, कहिलेकाहीँ उत्ताल तरङ्ग बोकेर ।

चरणस्पर्श गर्न जाने तीर्थयात्रीका लागि किनारमा सावधानी सूचना राखिएको छ- "द रिभर बेड मे बि राइज्ड, वाक केयरफुली अल द रिभर बेड !"

थुप्रै खोला र नदीका बगरसँग परिचित छु म ।

नेपालका तादी र त्रिशूली, कालीगण्डकी, लाङटाङ खोला, दूधकोशी, मोदी, चमेलिया, भोटेकोशी सबै खोलाहरू सम्झन्छु । ल्हा छु (खोला) ले पाइलैपिच्छे ती सबै बगरहरूको याद दिलाइरहेको छ । म ल्हा छुसँग बगिरहेझैँ अनुभव गर्छु । मेरो मन रमाइरहेछ यसैको धुनमा ।

सहयात्रीहरूको खोजीमा कदम चाल्दै जान्छु । आधा घण्टा जति लाग्छ मलाई उनीहरूलाई भेट्न ।

हामी विशालकाय श्याम शिलाको सामुन्ने पुगेका छौँ । प्रकृतिको लयमा अडिएको छ, यो अचल र अभेद्य चट्टान ।

आकाशलाई पुरानो रहस्यको पर्दामा लपेटेको जस्तो गरी प्रकृतिले नै अर्पण गरेको छ बादलका गुच्छा । चट्टानको चरणमा घामको तापले रन्थनिएपछि सल्बलाइरहेछ हिमनदी र बगिरहेछ ल्हा छु बनेर ।

आजको घामले ल्हा छुको जलप्रवाह झन् बढ्दै गएको छ । हामी त्यो स्थानभन्दा माथि जान सक्दैनौँ, त्यसैले यहाँको सुनसान बगर र नदीको शान्त प्रवाह हाम्रो साहसिक यात्रा र सुन्दर दृश्यको प्यास बुझाउन पर्याप्त छन् ।

धेरै यात्रीहरू आइपुगेका छैनन् यति बेला । खोलाको फराकिलो किनारमा हाम्रो टोलीका सदस्यहरू शान्त र ध्यानमग्न छन् । हामीलाई आन्तरिक शान्तिको पथमा मार्गदर्शन गर्दै छन्, ल्हा छुका दायाँ-बायाँ हिम चट्टानका ढिस्काहरू र यहाँको मौनता ।

दुई युवती आइपुग्छन् ।

उनीहरूका पाइलासँगै सरिरहेको छ शान्तिको गहिरो छाया, जसले हरेक कुनाको वातावरण र हावा आफ्नो अँगालोमा समेटेर लिएको जस्तो लाग्छ ।

मेरो संलाप सुरु हुन्छ उनीहरूसँग ।

उनीहरू पूर्वी चीन (नान्जिङ) बाट आएका पर्यटक चेतेनिया र नोर्म्यान ।

चेतेनियाको आँखामा एक अपार शान्ति र गहिरो भावनात्मक शक्ति लुकेको सहजै बुझ्न सकिन्छ । नोर्म्यानको मुस्कानमा हल्का रहस्य र अडिग विश्वासको प्रतिविम्ब देखिन्छ, जसले समग्र वातावरणलाई एक अर्कोतिरको संसारसँग जडान गरेको महसुस गराउँछ ।

उनीहरू दुवैले काठमाडौँको लिङ्गभैरवी मन्दिरमा ध्यान गरिसकेको बताउँछन् ।

"वि विलिभ इन शिव । शिव इज एभ्रिथिङ ।" चेतेनिया आफ्नो श्वासलाई गहिरो बनाउँदै शान्त र दृढ विश्वासका साथ सन्देश दिन्छिन् ।

उनका शब्दहरू ल्हा छुको धुनसँग मिसिएर हावामा विलिन हुन्छन्, मानौँ तिनीहरू प्राकृतिक लयको हिस्सा बनेर बग्दै छन् । म बुझ्छु कि उनका शब्दहरू केवल उच्चारण होइनन्, एक गहिरो भावना र विश्वासका प्रतीक हुन् । शिवको अस्तित्वमा पूर्ण विश्वास राख्दै उनीहरूले आन्तरिक शान्तिको यात्रा गरेका छन् ।

गहिरो छ यहाँको मौनता र शान्ति । कतै समयसँग मेरो सम्बन्ध टुटेको त छैन ? घडी हेर्छु, समय उस्तै देखिन्छ किन्तु भित्री मनमा भने

पृथक् अनुभूति भइरहेको छ। चाल धिमा भएको हो कि मन स्वयम् कुनै अर्को आयाममा प्रवेश गरिरहेको छ ? आफैंलाई थाहा छैन।

शाब्दिक रूपमा होइन, तर अनुभूतिको तहमा समय साँच्चै रोकिएको जस्तो लाग्दो रहेछ। त्यसो त कहिलेकाहीँ एक क्षण अनन्त जस्तो लाग्छ, र अनन्त समय एक क्षणमा अडिएको जस्तो लाग्छ। यहाँको मौनता, अपार शान्ति र ऊर्जा यस्तो हुन्छ कि मन संसारिक समयको सीमाबाट मुक्त भएजस्तो।

फेरि पनि मनभित्र केही सवाल उठ्छन्- के यहाँको समयको प्रभाव वातावरणीय असर हो वा समयको नियम तोड्न साँच्चै सक्षम छ कैलाशको दिव्य ऊर्जा ? समय वास्तवमै यहाँ रुक्छ भने के यो स्थान ब्रह्माण्डको कुनै गोप्य ढोका त होइन ?

डोल्मा ला

हावा गुनगुनाइरहन्छ, बादल नाचिरहन्छ तर म हिँडिरहन्छु- आफैँलाई भेट्न, उचाइमा ।

आज डोल्मा ला पार गर्ने दिन । यस तीर्थयात्राको सबैभन्दा उच्चतम विन्दु, महत्त्वपूर्ण हिस्सा र सबैभन्दा कठिन भाग । ५,०४० मिटरबाट ५,६३० मिटरमा पुगी ४,८०० मिटरको जुथुलपुकमा पुग्नुपर्छ ।

अघिल्लो साँझ पेम्पाले गहिरो स्वरमा ब्रिफिङ सुरु गरेका थिए, “डोल्मा लासम्मको पदयात्रा निकै कठिन छ । ६ किमि उकालो, ४ किमि ओरालो र बाँकी १४ किमि बाटोसम्म परेको छ । भोलि हामी कम्तीमा १०/११ घण्टा हिँड्नेछौँ ।”

उनले तत्कालै थपे, “डोल्मा लातर्फको उकालो चढ्दै जाँदा उचाइको असर मान्छेअनुसार फरक फरक रूपमा पर्न सक्छ । टाउको दुख्ने, वाकवाकी लाग्ने र थकानले लेक लागेको सङ्केत दिन्छन् । डोल्मा ला पार गर्न तपाईंहरू को को तयार हुनुहुन्छ ?”

ब्रिफिङ सुनेपछि ककसले परिक्रमालाई निरन्तरता दिने भनेर अघिल्लो साँझ अबेरसम्म तिब्बती गाइड र सहभागीका बीच घनीभूत छलफल भएथ्यो ।

अस्तिको दिन त पन्ध्रजना उत्साहित थिए । त्यही भएर उनीहरूमध्ये कसैले घोडा त कसैले सहयोगीबापतको रकम दिराफुक आएकै दिन बाटोमै भुक्तानी गरिसकेका थिए। उत्साहले भरिएका उनीहरू उकालो यात्रा

सहज हुने विश्वास गर्दै शिखरमा पुगेर सन्तोषको श्वास फेर्ने कल्पनामा रमाइरहेका थिए।

उसै त दिराफुकको उचाइले लत्रिएको ज्यानलाई डोल्मा लाको उचाइको भय थपिँदा अनुहारमा चिन्ताको रेखा तन्किएको भान हुन्थ्यो। पेम्पाले दिएको सल्लाह गलत नभए पनि त्रास जगाउने खालको चाहिँ थियो। यही जानकारी उनले धार्चेनमा दिएका भए घोडा वा सहयोगीका लागि त्यसरी रकम चुक्ता गर्थेनन् होला। अन्ततः धेरैले डोल्मा लाको यात्रा हापे, सिवाय राजेन्द्रप्रसाद, बैङ्कटेश्वर र रविशा।

उचाइ पार गर्न एउटा यात्री मानसिक रूपमा पनि त्यतिकै बलियो हुनु आवश्यक हुन्छ। उनीहरूले आफ्नो स्वास्थ्य र सुरक्षालाई प्राथमिकतामा राख्दै डोल्मा लाको आरोहण छोड्ने निर्णय गरेका थिए। उचाइको प्रभाव परेकी राधिकालाई अघिल्लो साँझ नै धार्चेन फर्काइसकिएको थियो।

एकातिर यात्रा त्याग्नुपर्दाको निराशा, अर्कोतिर जीवनको सुरक्षाका लागि गरिएको बाध्यात्मक परिस्थिति। यहाँसम्म आइपुगेर पनि डोल्मा ला पुग्न नसक्दा उनीहरूलाई नमिठो लाग्नु अस्वाभाविक थिएन। केही घण्टाअघिसम्म उनीहरूलाई जुन सपनाले ऊर्जा दिइरहेको थियो, अहिले त्यही असम्भव भइदियो।

कस्तो विडम्बना !

डोल्मा ला पुग्न मात्र ४ घण्टा लाग्छ। त्यसपछि पनि २ घण्टाको ओरालो र थप ४/५ घण्टाको सम्म परेको बाटोले शारीरिक थकानको अर्को परीक्षा लिन्छ। उकालो जति कठिन हुन्छ, त्यति नै कठिन हुन्छ ओरालो। पाइला पाइलामा ढुङ्गा र हिउँले ढाकिएको बाटोले शरीरलाई थप चुनौती दिन्छ। थाकेको शरीरलाई सन्तुलनमा राखेर हिँड्नु चानचुने कुरा होइन।

उनीहरूले सही निर्णय गरे भन्ठान्छु म। मानसिक एवम् शारीरिक सङ्घर्ष हो- यात्रा। यसमा हुने हिम्मत र विवेकको सन्तुलन नै अन्तिम विजय हो भन्ने लाग्छ मलाई।

सरोजले बिहान ४:३० बजे यात्रा सुरु गर्ने भनेका थिए तर उचाइको असरले होला, रातभर गहिरो निद्रा पर्न सकेन। सरोज, राजेश, पेम्पा र म एउटै कोठामा सुतेका थियौँ। आँखा बन्द गर्नासाथ मनमा अजिबका तरङ्गहरू उर्लन्थे। कहिले निदाउने प्रयास गर्थें त कहिले सिरानी मिलाउँदै ओल्टिने र पल्टिने गरिरहन्थेँ। शरीरले त आरामदायी बिछ्यौनाको स्पर्श पायो, तर मन भने यात्रा र चुनौतीको छायामा निरन्तर भौँतारिइरह्यो। झुपुक्क निद्राले समाउनै लागेको बेला निस्तब्धता चिर्दै गुन्जियो बिहान ४ बजेको अलार्म।

किचन टोलीले नास्ता तयार पारिसकेको रहेछ। टेबुलमा चिया, कफी, तातो पोरिजको बाफ हल्का मुस्काइरहेको थियो। फलफूल, मुस्ली, ब्रेड, बटर र जाम पनि राखिएको थियो।

भोक त थिएन तर शरीरलाई तागत दिन हामी जबरजस्ती एकेक कप कफी र एकेक कचौरा पोरिजले पेट भर्छौं। उता हाम्रो प्रतीक्षामा छ, डोल्मा लाको कठिन उकालो। यता हामी दृढ सङ्कल्पका साथ यात्रा सुरु गर्दै छौं।

४:३० बज्दासम्म तिब्बतको आकाशमा अन्धकारको पर्दा हटिसकेको थिएन। हामी पहिलो पाइला उठाउँछौँ। राजेन्द्रप्रसादको संकल्प र उनको यात्राको आरम्भलाई हेरिरहेकी छन् श्रीमती सुनिता दुब्बका।

हिमाली अन्धकारमा एउटा अदृश्य सीमा कोरिन्छ, स्वप्न र यथार्थबीच, चाहना र सामर्थ्यबीच, आस्था र विवेकबीच। यात्रामा निस्कँदा म जति खुसी र उत्साही छु, सहयात्रीहरू छोडिँदा त्यत्तिकै दुखी पनि।

मेरो टाउकोमा जडान गरिएको हेडलाइटको मधुरो उज्यालोले साँघुरो गोरेटो देखाउँदै छ। श्वास गह्रौं, चाल ढिलो भइरहेछ तर मन चाहिँ दृढ बनाउन खोज्छु म।

झोला बोक्नका लागि रविशाले एक जना सहयोगी लिएकी लिएकी छन्। राजेन्द्रप्रसाद, बैङ्कटेश्वर र मैले आआफ्नो झोला आफैँले भिरेका

छौँ । हामी सबैलाई साथ दिँदै छन् सरोज । उनकै उत्साह र साहसले मलाई हिम्मत दिएको छ ।

पेम्पा भने दिराफुकमै बसेका छन् ।

बिहानीको हल्का वायु, अझै निद्राको झल्को बोकेको शरीर र अगाडि देखिएको डोल्मा लाको उकालो महसुस गरिरहेछु म । यथार्थमा यात्राजस्तै भइरहेको छ- यात्रा । शरीरले सङ्घर्ष गरिरहँदा मनमा अनेक प्रश्न उठिरहेका छन्-

के म यो कठिन उकालो चढ्न सक्छु ?

के मेरो शारीरिक अवस्थाले अन्तिमसम्म साथ देला ?

म थाकेँ भने ?

उकालो पार गर्दा के कस्तो अनुभव हुने होला ?

यो यात्रा समाप्त भएपछि मैले के सिक्नेछु ?

धर्तीबाट आकाशतर्फ उठिरहेको रहस्यमयी सिँढीजस्तो लाग्दै छ मलाई यो पदमार्ग । उकालोमा बढिरहेको प्रत्येक पाइला मेरो विश्वास र आत्मबललाई अरू बलियो बनाउने साधना भइरहेकैँ लाग्छ । म नयाँ मार्गमा अघि बढिरहेको छु, जहाँ शारीरिक थकानभन्दा आन्तरिक धैर्य र आत्मविश्वासको महत्त्व हुँदो रहेछ ।

रविशा तिब्बती सहयोगीका साथ तन्किएकी छन् । राजेन्द्रप्रसाद र वैंङ्कटेश्वरलाई अगाडि लगाएर म सरोजको साथमा पछाडि छु ।

मन्द वायु चले पनि उकालोको हिँडाइले शरीरभित्र विश्वास र समर्पणको अदृश्य आगो दन्किरहेको महसुस गर्छु । श्वास लिँदा चिसो हावा छातीमा गह्रौँ भएर बसिदिन्छ । तर शरीर थाके पनि मनमा उत्सुकताको ज्वारभाटा चलेकै छ । हरेक पाइला सङ्घर्षपूर्ण छ तर डोल्मा लाको पवित्र उचाइले मलाई तानेझैँ भान हुन्छ । अगाडि बढ्नुको विकल्प छैन ।

हेडलाइटको मधुरो उज्यालोमा पत्थरका टुक्राहरू चाँदीजस्तै टल्किन्छन्। गोरेटो आफैँ नागबेली उकालो चढिरहेको छ। अन्य सहयात्रीहरूका छाया बिस्तारै अगाडि बढिरहेका देखिन्छन्। यस्तो महसुस हुन्छ कि अँध्यारोमा विश्वासले मार्ग देखाइरहेको छ।

करिब पौने घण्टा हिँडेपछि पसल भएको ठाउँमा पुगिन्छ। त्यहाँ तिब्बती व्यापारीहरू चिया, कफी, ड्राइफुड र पोर्टेबल अक्सिजन सिलिन्डर बिक्री गर्दै छन्। केही यात्रु चिया पिउँदै छन् त कोही हल्का खानेकुरा किन्दै। यो सानो पसलले यात्रुहरूलाई नयाँ ऊर्जा र साहस प्रदान गर्छ र उनीहरूलाई डोल्मा लाको कठिन उकालोको सामना गर्न सक्षम बनाउँछ।

बिस्तारै पन्छिँदै छ अँध्यारो। हेडटर्चहरू क्रमशः निभ्न थाल्छन्। छ्याङ्ङ खुल्दा केटाकेटीदेखि वृद्धका छुट्टाछुट्टै झुन्डहरू देखिन्छन् गोरेटो पदमार्गमा।

अगाडि आउँछ, ढुङ्गेनी मार्ग।

सन् २०१८ मा अपि हिमाल आधार शिविरसम्मको पदयात्रा गर्दा मैले पत्थरराशी भन्ज्याङ पार गरेको थिएँ। त्यही मार्ग, तिनै ढुङ्गा र त्यही कठिनाइ आजपर्यन्त मेरो स्मृतिमा गहिरो छाप बनेका छन्। ती तिखातिखा पत्थर र खोँचहरूका बीचमा जता हेर्‍यो उतै चुनौतीजस्ता लाग्थे। आज फेरि त्यस्तै पत्थरराशी टेक्दै गर्दा प्रत्येक पाइलामा मेरा अतीत र वर्तमानको संवाद हुँदै छ। यस पटक मैले अरू दृढतासाथ यो मार्ग पार गर्ने अठोट लिएको छु।

कुनै दिन चीनले यी पत्थरहरूलाई साधारण ढुङ्गा मानेर उपयोग गरिहाल्ला कि शिवको प्रतिविम्ब ठानेर यत्तिकै छाड्ला? मनमा अचम्मका तर्कनाहरू खेलिरहेका छन्।

समयको प्रवाहसँगै सबैथोक फेरिँदै छ। केबुलकारको लहरोले यो उकालो हिँडाइलाई अनावश्यक बनाउने दिन टाढा छैन होला सायद।

चीनले चाहे असम्भव के छ र ? काठमाडौँमा निकट भविष्यमै 'रोबोट होटल' खोलिँदै छ र त्यहाँ रोबोटले नै वेटरको काम गर्छन् रे भन्ने सुन्दै छु। अर्को पटक आउँदा यहाँ घोडाले गर्ने काम 'रोबोट' ले गरे भने पनि अचम्म मान्नु पर्ने छैन। तर आशा गरौँ, त्यति चाँडो चाहिँ नहोस् ! हाम्रो पनि रोजीरोटीको सवाल छ।

उकालो चढ्दै जाँदा बाटोको छेउछाउ बौद्ध सजधजहरूले तीर्थयात्रीहरूको स्वागत गर्छन्। यद्यपि यी झन्डाहरू स्थिर छन्, तिनका रङ र रूपले वातावरणमा शान्ति र भक्तिभावको अनौठो अनुभूति फैलाउँछन्।

सरोज भन्छन्- "यो शिवत्सल हो। यात्रुहरूको आत्मशुद्धिको प्रतीक। मान्छेहरू पहिले पहिले शिवका प्रिय वस्तु चढाउँथे। अचेल आफूलाई मन लागेका वस्तुहरू अर्पण गर्छन्।"

जमिनभरि छरिएका कपडाका टुक्रा, पुराना वस्त्र र केही व्यक्तिगत सामग्री देखिन्छन्। कतिले आफ्ना प्रियजनको सम्झनामा केही छोडेका छन् त कतिले आफ्नै जीवनका पुराना भारहरू विसर्जन गरेका छन्।

म केही बेर उभिएरै यो दृश्य नियाल्छु। शिवत्सल, जहाँ मृत्यु र पुनर्जन्मको अदृश्य रेखा कोरिएको छ। केही यात्रुहरूले चुपचाप कपडाका टुक्रा त्यागिरहेका छन्। लाग्छ- उनीहरू आफ्ना विगतका सम्पूर्ण पाप यहीँ छाड्दै छन्।

यस ठाउँमा उभिँदा कुनै अदृश्य शक्तिले मलाई भनिरहेझैँ लाग्छ- "अब तिमी पनि नयाँ मान्छे बनेर अगाडि बढ्दै छौ।"

शरीर थाकेको छ तर मन उत्तरोत्तर उत्सुक। शिवत्सल पार गर्दै म आफ्नो यात्राको अर्को पाटोतर्फ अघि बढ्छु- डोल्मा लाको कठिन उकालोतर्फ।

एउटा मार्ग कुवेरकुण्ड हुँदै जुथुलफुक निस्कने रहेछ। तिब्बती भाषामा 'खान्दो साङ्लाङ' भनिने यो पदमार्ग पनि कैलाश परिक्रमा नै हो। कसै

कसैले मध्यम परिक्रमा पनि भन्दा रहेछन् । सरोजबाटै जानकारी पाउँछु म ।

सरोज उच्च हिमाली यात्रामा विशेष रुचि राख्ने पथप्रदर्शक हुन् । विगत डेढ दशकदेखि कैलाश यात्रामा आउने तीर्थयात्रीहरूलाई सफलतापूर्वक यात्रा गराइरहेका छन् उनी । उनी दिव्य शक्तिमा विश्वास गर्छन् । धर्म, संस्कृति, परम्परा र अध्यात्ममा उनको गहिरो लगाव छ । विशेष गरी भगवान् शिवमा उनको अपार श्रद्धा छ । डोल्मा ला पार गर्ने क्रममा हामीबीच आध्यात्मिक विषयमा धेरै कुराकानी हुन्छन् ।

यहाँको ठन्डा मौसम, पवित्र भूमिको शान्त वातावरण र आफूसँग आएका तीर्थयात्रीहरूको समर्पण देखेर उनी अझ प्रेरित भइरहेका हुन्छन् । उनका अनुसार यो यात्रा शारीरिक सहनशीलताको परीक्षा र आत्मा शुद्ध पार्ने साधना हो ।

उकालो चढ्दै गर्दा उनी मलाई भन्छन्, "यो हाम्रो जीवन परिवर्तन गर्ने यात्रा पनि हो । फेरि कैलाशपतिको कृपाबिना कोही पनि यहाँसम्म आइपुग्न सक्दैन ।"

यात्रा अझ रोमाञ्चक बन्दै जान्छ ।

उकालो लाग्दै गर्दा हिउँले ढाकिएका भीरपहरा, नीलिमा रङ्गिएको आकाश र चिसो बतासले यात्रालाई थप रहस्यमयी बनाइरहेका छन् । गाइड सरोज आफ्ना अनौठा अनुभव सुनाउँछन्। बाटो काट्नु पनि त छ !

उनी मलाई सुनाउँछन्-

"सन् २०१३ को कुरा हो । म एउटा समूहलाई कैलाश यात्रामा लिएर आएको थिएँ। समूहमा कोलकाताबाट आएकी एउटी महिला पनि थिइन् । बाहिरी रूपमा हेर्दा उनी सामान्य तीर्थयात्रीजस्तै देखिन्थिन् । तर उनको उपस्थिति केही रहस्यमयी थियो ।"

"कस्तो रहस्य ?" कुतूहल पोख्छु म ।

त्यति बेला उनले आफूलाई 'म कलकत्ताकी काली हुँ' भनेको सम्झन्छन् । त्यो सुनेर सरोज एकछिन स्तब्ध भएछन् । उनी साधारण महिला थिइनन्, देवीको स्वरूपमा आएकी रहिछन् ।

हिन्दू धर्ममा काली एक शक्तिशाली देवी हुन् । कालीलाई शक्ति, विनाश र सृजनाकी देवीको रूपमा पुजिन्छ ।

सरोज भन्छन्- "ती महिलाले मलाई छोरो बनाइन् । देवीको छोरो बन्न पाउनु मेरो जीवनकै ठूलो सौभाग्य होइन र !"

मिहिनेत र सहयोगी भावना हुनुका कारण धेरै विदेशीले नेपालीहरूलाई छोराछोरीका रूपमा ग्रहण गरेका उदाहरण छन् । सरोजको सवालमा पनि त्यही होला सायद ।

श्वास छिटोछिटो चलिरहेको छ, किन्तु गहिरिँदै जान्छ सरोजको कथा ।

उनी अर्को कथा सुनाउँदै भन्छन्- "सन् २०१५ मा म १५ जनाको श्रीलङ्काली समूहलाई यात्रा गराउँदै थिएँ । डोल्मा ला पार गर्दैगर्दा एक्कासि कुनै अदृश्य शक्तिले '१५ मिनेटभित्र तिमीले ल्याएको घोडा लड्नेछ' भनेर मलाई जानकारी गरायो । मैले घोडावालालाई भनेँ तर उनले विश्वास गरेनन् । केही क्षणपछि घोडा छटपटाउँदै ढल्यो । त्यसले रगत छाद्यो । लडेको घोडामा ग्रुप लिडरकी आमा सवार थिइन् । घोडा नै लडेपछि उनले परिक्रमा पूरा गर्न सकिनन् । उनी दिराफुक हुँदै धार्चेन फर्किन् । धार्चेन आइपुगेपछि मैले घोडाको अवस्था बुझेँ । सकुशल फर्केको रहेछ ।"

उनी थप्छन्- "यो कुनै काल्पनिक कुरा होइन ।"

अचम्म लाग्छ मलाई उनको यो कुरा सुन्दा । के त्यो घटना संयोगमात्र थियो वा उनको आध्यात्मिक चेतनाको परिणाम ? आफैँलाई सोध्छु म ।

सरोज गम्भीर हुँदै भन्छन्- "दाइ ! कैलाश क्षेत्रमा भगवान् शिवका नन्दीभृङ्गीहरू हिँडिरहेका हुन्छन् । यहाँको वातावरण आफैँमा जिउँदो छ ।"

उनको आवाज गम्भीर लाग्छ ।

डोल्मा लाको उकालो चढ्दै गर्दा हावाले मन्त्र जपेजस्तो अनुभूति हुन्छ । हामी केवल यात्रा गरिरहेका छैनौँ, एक दिव्य यात्राको हिस्सेदार भइरहेका छौँ ।

सिरेटोले अनुहार छुनासाथ जिउ सिरिङ्ग हुन्छ । एकातिर प्रकृतिको दिव्यता, अर्कोतिर शारीरिक सीमाहरूको परीक्षा । यो यात्राको सौन्दर्य यही हो, जहाँ दुःख नै तपस्या, सङ्घर्ष नै मुक्ति र हरेक उकालो पुनर्जन्मको प्रतीकजस्तो ।

बाटोमै एउटा ढुङ्गामा प्रस्ट रूपमा पैतालाको छाप देखिन्छ । यात्रुहरू त्यसलाई भक्तिपूर्वक नियालिरहेका हुन्छन् । तर कसैले ढोग्छन् त कसैले खाता चढाउँछन् ।

"यो पैतालाको छाप कसको हो ?" सरोजलाई सोध्छु ।

सरोज़ भन्छन्, "यो तारा देवीको पदचिह्न हो भन्ने बौद्ध मान्यता छ, तर हिन्दू धर्मअनुसार यो देवी पार्वतीको ।"

बौद्ध परम्परामा 'डोल्मा' भनेको 'हरित तारा' हो । तारा देवीले यही क्षेत्रमा ध्यान गर्दा उनको पदचिह्न यहाँ अङ्कित भएको तिब्बती बौद्धहरू विश्वास गर्छन् ।

उता हिन्दूहरूको मान्यताअनुसार, यही ठाउँमा देवी पार्वती ध्यानमा बसेकी थिइन् र उनको पवित्र पदचिह्न ढुङ्गामा रहिरहन पुगेको हो ।

सरोज थप्छन्, "डोल्मा ला पार गर्नु भनेको देवी पार्वती वा तारा देवीको कृपा प्राप्त गर्नु हो । त्यसैले यात्रुहरू यहाँ प्रार्थना गर्छन् । यति बेला म तिनै दैवीशक्तिसँग साक्षात्कार गरिरहेको महसुस गर्छु ।"

बाटो छेउमा एक तिब्बती जोडी आफ्नो थकित ज्यानलाई ढुङ्गामा टेकाइरहेका छन् । उनीहरूले हात हातमा समातेका छन् एकेक थान अक्सिजन सिलिन्डर, मानौँ त्यो नै उनीहरूको एकमात्र सहारा हो ।

म केही क्षण उनीहरूलाई नियाल्छु । तिब्बतीहरूलाई पनि अक्सिजनको आवश्यकता पर्छ र ? कैलाश नजिकै जन्मेर हुर्केका उनीहरूलाई पनि यस्तो

कठिनाइ ? मनमा प्रश्न उठ्छन् ।

म लामो श्वास तान्छु । चिसो हावाले फोक्सो छोपेजस्तो लाग्छ । त्यही बेला हाम्रो नजर जुध्छ । उनीहरूको अनुहारमा थकान त छ तर आँखामा श्रद्धा ।

मुस्कान साटासाट हुन्छ हामीबीच ।

"नेपाली ?" महिला हल्का मुस्कुराउँदै सोध्छिन् ।

सायद म नेपाली हुँ भनेर अनुमान गरेकी होलिन् ।

"अँ" भनेर म टाउको हल्लाउँछु ।

अझै मरेको छैन मेरो जिज्ञासा ।

"तपाईंहरूलाई पनि अक्सिजन चाहिन्छ र ?" साङ्केतिक रूपमा सोध्ने प्रयास गर्छु ।

उनीहरू एकअर्कालाई हेर्छन् ।

केही नबोली उनीहरूले हातमा समातेको अक्सिजन सिलिन्डर मेरो हातमा राखिदिन्छन् ।

म चकित हुन्छु ।

सायद मैले उनीहरूसँग अक्सिजन मागेको भन्ने अनुमान लगाए होलान् ।

"मलाई चाहिँदैन" भन्ने सङ्केत गर्छु तर बुझ्दैनन् ।

भाषा नबुझ्नुको पीडा एक्कासि झाँगिन्छ ।

म महसुस गर्छु- शब्दले हाम्रो सीमारेखा कोरे पनि हृदयले कुनै भाषा खोज्दो रहेनछ ।

सायद उनीहरू पनि यही अनुभूति गरिरहेका होलान् ।

त्यति नै बेला एउटा वृद्ध तिब्बती थकित चालमा अघि बढ्छन् । दन्तहीन मुस्कान फिँजाउँदै उनी मौन रूपमा हाम्रो छेउ आइपुग्छन् । कुनै गहिरो कथा लुकेको जस्तो लाग्छ, उनको मुस्कानभित्र ।

कतिपय तिब्बती तीर्थयात्री हामीसँगै यात्रा गरिरहेका छन्- घडीको सुईको दिशा (दक्षिणावर्त) मा । तर कतिपय तिब्बती घडीको सुईको विपरीत दिशा (वामावर्त) बाट छ्याकछेल गर्दै आइरहेका देखिन्छन् । उनीहरूको हिँडाइ र शरीरको चालमा अलगै लय छ, जसलाई म पहिलो नजरमै बुझ्न सक्दिनँ ।

सरोज भन्छन्- "उनीहरू बोन बोन धर्मका अनुयायी हुन् ।"

माथितिरका पाखा पूरै लुङ्दरमय छन्- जहाँ हेरे पनि रङ्गीचङ्गी लुङ्दरहरू फर्फराइरहेका छन् । हावासँगै मन्त्र पनि शरीरभित्र पसिरहेका छन् जस्तै लाग्ने । यिनै लुङ्दरले सङ्केत गर्छन्- डोल्मा ला अब टाढा छैन । तर नागबेली परेको बाटो लामै छ । कदमहरू भारी भइरहे पनि मनचाहिँ हलुका हुँदै जान्छ ।

राजेन्द्रप्रसाद र बैङ्कटेश्वरको चाल धिमा हुँदै जान्छ । हावाको चिसोपन र उचाइको असरले उनीहरूलाई थकानले गाँज्दै छ । सरोजको ध्यान अब मभन्दा बढी उनीहरूतिरै केन्द्रित हुन्छ ।

आफू त न छिटो, न ढिलो । आफ्नो शरीरले साथ दिने गतिमा पाइला उठाइरहेछु । बस, यस उचाइमा आफ्नो अस्तित्वलाई सन्तुलनमा राख्ने प्रयास गरिरहेछु ।

डोल्मा लाबाट झर्दै गरेका तिब्बतीहरू सुरिलो भाकामा गाइरहेका छन्- शब्दहरू बुझ्दिनँ, तर उनीहरूको सुमधुर लयले मेरो हृदय छुन्छ । भनिन्छ- महायोगी मिलारेपा कवि पनि थिए । उनले यस्ता थुप्रै लोक गीतहरूको रचना गरेका थिए रे । सायद यो रचना उनकै होला भन्ठान्छु म ।

गीतको लयमा पाइला चाल्दै गर्दा उनीहरूले गाएका केही अंश मोबाइलमा रेकर्ड गर्न पनि भ्याउँछु म ।

उनीहरूको भाका सुन्दा उहिले उहिले म गाउँबेसी गर्दा सुनेका गीतहरू झल्झलती सम्झन्छु । उही लामो सर्को तानेर गाइने लोकधुन, उही पीडा र आस्थाले भरिएको भाका ।

शब्द नबुज्दा पनि सुरले मन छोएको आभास हुने । सायद गीत-सङ्गीतको शक्ति नै यही हो- मायाजस्तो; जसलाई बुज्नु पर्दैन, केवल महसुस गर्न सकिने ।

घोडाका घाँटीमा बाँधिएका घाँडाहरू टुङटुङ बज्छन् । ती मधुर ध्वनि सुनसान डोल्मा लाको वातावरणमा गुन्जिन्छन्, ती ध्वनिले ॐ कारको झल्को दिएको भान हुन्छ । लाग्छ- त्यो आवाज शिवकै स्तुति हो ।

कहिले तीव्र र कहिले लयबद्ध रूपमा गुन्जिने यी घाँडाका टुङटुङीले मौन पहाडहरूमा पनि जीवनको सङ्गीतमय स्पन्दन थपिदिन्छ ।

उकालिँदै गर्दा चारैतिर गुन्जिन्छ, यात्रीहरूको स्वाँस्वाँ आवाज । आवाजले सङ्केत गरेझैँ लाग्छ- उकालो छिचोल्न गरेको सङ्घर्ष, थकानले भरिएको निश्वास र आत्मबलको परीक्षा । हिउँ र ढुङ्गामा ठोक्किँदा आउने लट्ठीको 'ट्याक-ट्याक' आवाजले यात्राका पाइला नापिरहेको छ । ती ध्वनि एकअर्कामा मिसिँदा यस्तो महसुस गराउँछन् कि हामी केवल हिँडिरहेका छैनौँ, यो चालसँगै चलिरहेको छ हाम्रो मुटुको धड्कन ।

बिहानको ८:४५ बज्दा म डोल्मा लाको सिउँदो चुम्न आइपुग्छु ।

शान्त मुद्रामा अवस्थित गजधट्ट पहाडहरूले विकटताको आभास दिइरहेका छन् । दुई पहाडका बीचमा छ- लमतन्न परेको डोल्मा ला दर्रा, जसको नामले श्रद्धाभाव जगाउँछ । यसले जोड्छ- दिराफुक र जुथुलफुकलाई । यसैले एकाकार गरेको छ, समस्त ॐ कार परिवारलाई ।

यहाँ मन्त्रहरूको मधुर गुञ्जन र हावामा घुलिएको प्रकृतिको स्पन्दन छ । सदियौँ पुराना परम्पराका स्वरहरू प्रतिध्वनित भइरहेका छन् । यहाँ धर्म, प्रकृति र आत्मा एउटै लयमा समाहित छन् । लाग्छ, म कैलाश प्रदक्षिणामा एउटा युगको कथा अनुभव गरिरहेको छु ।

के सारो लुङ्दर !

सिङ्गो पहाड नै लुङ्दरैलुङ्दरले ढाकिएको छ । लुङ्दर ओढेको डोल्मा ला देखेरै म त आश्चर्यचकित हुन्छु ।

डोल्मा लालाई लुङ्दरको पहाडभन्दा सायदै फरक पर्ला । साँच्चै, भोलिका दिनमा डोल्मा लाको नाम 'लुङ्दरको गोदाम' मा परिवर्तन त हुन्न ! शङ्कै लाग्छ मलाई ।

लुङ्दरको चाललगायत यहाँका तमाम दृश्यहरूले मेरो विचार अलिक जटिल र गहिरो बन्छ । साहसिकता र स्वाभाविकताको प्रतीकजस्ता लाग्ने यी लुङ्दरको अस्तित्वलाई डोल्मा लाले पनि ग्रहण गरेको होला । भविष्यमा डोल्मा लाको अर्थ खोज्दै हिँड्ने थकित यात्रुहरूले पनि यो अनुभूति सहजै पाउन सकून् भन्ने मेरो कामना छ !

डोल्मा लाको कठिन आरोहणमा तीर्थयात्रीहरू दक्षिणावर्त र वामावर्त दिशाबाट आआफ्नै श्रद्धा, विश्वास र लयमा अघि बढिरहेका छन् । तर पवित्रताको यो यात्रामा ती सबै पाइला अन्ततः एउटै थलोमा आइपुग्छन् र ती पृथक् आस्थाहरूले मौनतामा मिसिएर एकताको अनुभूति गराउँछन् ।

यहाँ आआफ्नै तालगाँठीमा देख्छु म मान्छेलाई । कोही लय हालेरै 'छोइखे', 'छोइखे' भन्दै मन्त्र लेखिएका सानासाना पताका डोल्मा लालाई अर्पण गरिरहेका । कोही 'ॐ मणि पद्मे हूँ' जपिरहेका । कोही धूप जलाउँदै धुवाँसँग संवाद गरिरहेका । उनीहरूको आँखामा समर्पण र हृदयमा आस्थाको कम्पन देख्छु । कर्म शुद्ध पार्ने आत्मशुद्धिको द्वार पार गर्दै परिक्रमा सफल बनाउन आशीर्वाद लिने विश्वासले यहाँ खिचेर ल्याएको छ उनीहरूलाई । यति हुँदा हुँदै पनि पहाडहरूको मौनता र गम्भीरता हावी छ यहाँ ।

तिब्बतीहरू के कामना गर्छन् होला ? युगौंदेखि डोल्मा लालाई देखिरहेका र यहाँ आइपुग्नेहरूले पाठ गरेको मन्त्र सुनिरहेका ती मौन पहाडहरूले के सोचिरहेका होलान् ? गहिरा प्रश्न उठ्छन् मेरो मनमा ।

गौरीकुण्डमा ओर्लिन्छ, डोल्मा लाको विन्दुपथ ।

रविशा त अगाडि नै पार भइसकेकी छन् । बैङ्कटेश्वर र राजेन्द्रप्रसादका

सारमा आउँदै छन् सरोज । ममात्र किन बुर्कुसी मार्नुझैँ लाग्छ । फेरि सरोजकै साथमा छ हाम्रो प्याक लन्च ।

म गौरीकुण्डको किनारमा बसेर चुपचाप उनीहरूको आगमनको बाटो हेरिरहेको छु। कुण्डको 'सि ग्रीन कलर'लाई विभिन्न कोणबाट नियाल्दै म जीवनको गहिरो अर्थ खोज्न थाल्छु।

वायुमण्डल नि:शब्द तर गहन छ । पर क्षितिजमा हिमालयका हिमाच्छादित टुप्पाहरू सुनौलो फुल्कोमा चम्किरहेका छन्।

यहाँको वातावरणमा यसरी लट्ठिन्छु कि- मैले सुनेको ध्वनि, मैले फेरेको श्वास र विश्वासको समर्पणले मेरो आफ्नै अस्तित्वलाई दिव्य अनुभवको हिस्सा बनाएजस्तो लाग्छ। यहाँको एकान्तताले मलाई एक अज्ञेय यात्राको सन्देश दिइरहेको छ- जस्तो कि समय थामिएर रहन्छ र म त्यसको एक अविभाज्य अंश बन्न सक्छु।

हयग्रीव प्रतिविम्ब

सुनेको थिएँ- सपना र वास्तविकताबीचको दूरी केवल हिम्मतले नापिन्छ ।

भयो पनि त्यस्तै ।

करिब आधा घण्टापछि विजयको रङमा रङ्गिएका मुहार लिएर सरोज, बैङ्कटेश्वर र राजेन्द्रप्रसाद आइपुग्छन् । हामी खुसी साट्छौँ । जुथुलफुकसम्मको कठिन यात्रा पूरा गरेर थकानको भारी बिसाउने लालसामा छन् हामी सबैका जोरगोडा ।

रामरमाइलो भरिन्छ वातावरण, मानौँ हावा नै उत्साहको संवेग बोकेर बहिरहेको छ । सूर्यको मधुरो किरण पनि गौरीकुण्डको पानीमा मृदुल स्पर्श गर्न आइपुग्छ । कुण्डको सतहमा तरल रङझैँ फैलिएको छ, नीलो आकाशको प्रतिविम्ब । लाग्छ- स्वर्गले आफ्नै छाया पानीको क्यानभासमा कोरेको हो । कुण्डको किनारमा उभिएका कालापत्रे चट्टानहरू युगौँदेखि मौन साक्षी बनेर यात्रुहरूको आगमन र वहिर्गमन नियालिरहेका छन् । ती कठोर सतहले असङ्ख्य पाइला महसुस गरिरहेका छन्- केही श्रद्धाका, केही जिज्ञासाका त केही थकित यात्रीहरूको आत्मिक खोजका ।

श्वास फेर्ने बहानामा वातावरणलाई आत्मसात् गर्दै हामी गौरीकुण्डको किनारमा केही बेर बिताउँछौँ ।

आँखामा मात्र दृश्य कैद गरिरहेका हामी मोबाइलमा पनि कैद गर्छौं । प्रत्येक दृश्य मेरो मनको क्यानभासमा स्थायी चित्रझैँ अङ्कित हुन्छ ।

"मलाई यो ठाउँ सपनाझैं लागिरहेछ," मधुर स्वरमा भन्छन्, बैङ्कटेश्वर।

अर्कोतिर टोलाइरहेका छन् राजेन्द्रप्रसाद, गौरीकुण्डको गहिराइ र पहाडका उचाइ हेर्दै। मलाई लाग्छ- यो विश्राममात्र होइन, आत्मिक यात्राको अर्को चरण हो।

गौरीकुण्डमा औंला चोबल्छन्- बैङ्कटेश्वर। उनकै सिको गर्छु म। एउटा तिखो च्वास्स अनुभूति हुन्छ, मानौं चिसोले रक्तनली छेडेर भित्रैसम्म छिरेको छ र फैलिँदै गएको छ शरीरभरि।

पदयात्रीका पाइला ठोक्किएर उछिट्टिएका ससाना शिला पानीमा खस्दा हल्का र लयबद्ध छाल उठ्छन्। नीरवतामा अचानक कुनै झङ्कार गुन्जिए जसरी ती छालले क्षणभरका लागि भङ्ग गर्छन्, कुण्डको शाश्वत मौनतालाई। तर क्षणिक पलका लागि मात्र हुन्छ, यो हलचल। केही पलमै कुण्डको सतह पुनः शान्त बन्छ, मानौं त्यसले प्रत्येक कम्पनलाई आत्मसात् गर्दै मौनताको गहिराइमा विलीन गराइदिएको हो।

गौरीकुण्ड एउटा सानो तलाउमात्र हो र असङ्ख्य उपस्थितिको एक मौन साक्षी पनि। यहाँ आउने प्रत्येक यात्रीले आफ्नो अस्तित्वको छाप छोडेर जान्छन्। तर समयसँगै ती सबै स्मृति मेटिँदै जान्छन् र अन्ततः कुण्डको मौनतामात्र स्थायी रहन्छ।

ओरालो बाटोले लाम्चु उपत्यकातर्फ अग्रसर गराउँछ। जसै बाटो समथरिँदै जान्छ, चिसो हावा पनि मत्थर हुँदै गएको प्रतीत हुन्छ। त्यही बेला एक अद्भुत पहाड सामुन्ने उभिन्छ। त्यसका ती चुचुरा छन्। त्यो पहाडले मलाई भनिरहेझैं लाग्छ, "तिमी आइपुग्यौ, यात्रु? म त यहीं थिएँ, तिमीलाई कुर्दै!"

नीलो आकाशको पृष्ठभूमि। सेता बादलका च्यादरले सजिएका चट्टानहरू। बीच बीचमा हिउँका छिर्का। र, मुन्तिर कालो छाया। पहाडको चुलीमा अवस्थित छ- एक विलक्षण शिलाखण्ड।

पहिलो नजरमा त साधारण चट्टानजस्तै लाग्छ। तर जब टक्क उभिएर नियाल्छु, ती तीनमध्ये एउटा चुचुरो घोडाले टाउको उठाएझैं

देखिने अचम्मको आकृति गोचर हुन्छ। अद्भुत मूर्तिकलाजस्तै लाग्छ त्यो शिला। कठिनाइका बीचमा पनि दुर्बोध्य सौन्दर्य लुकेको हुँदो रहेछ भन्ने अनुभूति हुन्छ।

"हयग्रीव शिलास्तम्भ!" सरोजको आवाजले भङ्ग गर्छ मेरो ध्यान।

तिब्बती भाषामा 'हय' को अर्थ 'घोडा' र 'ग्रीव' को अर्थ गर्दन हुँदोरहेछ।

त्यो विचित्रको आकृति हेर्दा हामीलाई कुनै अदृश्य शक्तिले बाँधेर आफूतर्फ तानिरहेको जस्तो अनुभूति गराउँछ। रमिते हुन्छौँ हामी। तीर्थयात्रीहरू यसलाई पवित्र रूपमा लिन्छन्; कतिपय त देवताको प्रतीक मानेर श्रद्धाले पूजा गर्छन्। त्यो दृश्य हेर्दै गर्दा ममा अनौठो ऊर्जाको तरङ्ग फैलिएको भान हुन्छ।

त्यहाँ हिमाली शान्ति स्पष्ट रूपमा अनुभूत गर्न सकिन्छ। हल्का हावाको झोक्कासँगै ती निर्जीव चट्टानहरू पनि ज्युँदा लाग्छन्, मानौँ उनीहरू आफ्नै मौन भाषामा केही कुरा व्यक्त गरिरहेका छन्।

सरोज अगाडि थप्छन्, "बौद्ध ग्रन्थहरूमा वर्णित हयग्रीव देवता अशुभ शक्तिहरूलाई तहसनहस पार्ने, यात्रुहरूलाई सुरक्षा दिने र जागरणको प्रतीक मानिन्छन्।"

फेरि लागिन्छ ओरालो।

जसै पाइला अघि बढ्छ, हाम्रो अस्तित्वको नयाँ आयाम उजागर भएको प्रतीत हुन्छ। ओरालोको यात्रा पो कहाँ सजिलो हुन्छ र! जति जति ओरालिन्छ त्यति त्यति नै असहज र चुनौतीपूर्ण महसुस हुन्छ।

सरोज भन्छन्- "यो अन्तिम ओरालो हो हाम्रो पदयात्राको।"

उनका शब्दहरूले मलाई गहिरो भावमा डुबाउँछन्। लाग्छ- आन्तरिक सङ्घर्ष र विजयको प्रतीक हो, हामीले पार गरिरहेको भौतिक दूरी। हर्ष, पीडा र शारीरिक कठिनाइको लहरसँगै आजको हाम्रो यात्रा जुथुलफुकको विन्दुपथमा अन्त्य हुँदै छ।

यथार्थमा यो ओरालो एउटा आशा र नयाँ सुरुवातको सङ्केत पनि हो। थकान र पीडाबाट मुक्त भई हामी नवीन ऊर्जा पाउनेछौँ। जुन जुन उकाली र ओरालीले हामीलाई थकाएका थिए, तिनै उकाली र ओराली हाम्रो साहसिक यात्राको विजयको मार्गदर्शक बन्नेछन्।

सिरेटोको चड्कन सहँदै गन्तव्यतर्फ लाग्दा पटक पटक हयग्रीवलाई फर्केर हेर्छु। हयग्रीवले मेरो मनोबल जागृत गरेजस्तै लाग्छ। मौन संरक्षकझैँ देखिने हयग्रीव समयको कठोरतासँग जुध्दै अडिएको अनुभूति गराउँछ। हिउँपहिरोका बाबजुद हिमालले आफ्नो अस्तित्व जोगाएझैँ त्यो रहस्यमयी आकृतिले मलाई पनि चुनौतीहरूका बीच दृढ रहन प्रेरित गरेझैँ भान हुन्छ। सायद यही होला, अटल शक्ति र अदृश्य ऊर्जाको अभिव्यक्ति, जसले यात्रीलाई निरन्तर अघि बढ्न सङ्केत गरिरहेको छ।

यात्रा अघि बढिरहेछ।

हयग्रीव आकृतिको पहाड अझै पनि स्मृतिमा उभिरहन्छ, प्रेरणादायक ऊर्जा बनेर।

उच्च पहाडका कठोर सञ्जालबाट बाहिर निस्कँदै गर्दा हाम्रो पाइलाले झन् ओरालो ब्यहोर्नुपर्छ। तल टल्किरहेको छ, घामको उज्यालो प्रकाशले न्यानो अँगालो हालिरहेको एउटा बस्ती।

त्यो बस्तीको नाम "साब्जेढाडोप," भन्छन् सरोज।

निरन्तर ओरालो लागिरहेछौँ, नलागी सुख छैन। तर यो यात्रा केवल भौतिक उकालोओरालो पार गर्ने प्रक्रिया होइन; यो आत्मबोधको यात्रा हो। यसले मलाई आन्तरिक शान्ति र सन्तुलनको अनुभूति गराउँदै छ, अनि जीवनलाई नयाँ अर्थमा बुझ्न प्रेरित गरिरहेको भान हुन्छ। थकानले सहनशीलताको अर्थ सिकाइरहेझैँ लाग्छ, कठोर हावाले धैर्यको परीक्षा लिइरहेको प्रतीत हुन्छ र यो साँघुरो गोरेटोले लक्ष्यप्रतिको दृढता झन् प्रगाढ बनाइरहेको आभास हुन्छ।

समर्पण, धैर्य र सङ्कल्पको यो मार्गमा हामीजस्तै थुप्रै यात्रीहरू छन्। हरेकको आँखामा आआफ्नै गन्तव्यको सपना छ, हरेकको मुटुमा भोगाइका

फरक कथा छन् । कोही मौन छन्, गहिरो ध्यानमा तल्लीन भएर र कोही आपसमा अनुभव साट्दै यात्रालाई सहज बनाउन खोज्दै छन् । चिसो हावासँगै चलिरहेका हाम्रा मुटु समानान्तर रूपमा धड्किरहेजस्तो ।

यात्रीका पाइलाले उडाएको धुलाका कण हावामा बिलाउँदै जान्छन् । क्षणभरका लागि अस्तित्वहीनजस्तै लाग्छ र फेरि जमिनमा टपक्क बसेजस्तै देखिन्छ । धुलोको बदलिँदो स्वरूपसँगै हामी यात्रुका अनुभूति पनि परिवर्तन भइरहेका छन् । थकान र उत्साहको कस्तो अनौठो सम्मिश्रण ! कैयौँ पटक खुट्टा चिप्लन्छन्, धुलो उडेर अनुहारमै टाँसिन्छ तर स्याँठ चल्दा उस्तै गरी मेटिन्छ ।

तल झर्दै गर्दा टड्कारो देखिन्छ बस्ती । हामी यो धुलाम्य यात्राको एक हिस्सा भएका छौँ, हावासँगै उडिरहेका कणझैँ कहिले अनिश्चित, कहिले स्थिर तर गन्तव्यतर्फ अविराम अघि बढ्दै ।

टेकियो साब्जेढाडोप ।

शान्त छ- साब्जेढाडोप । थकित शरीरलाई विश्राम दिइरहेका छन्, केही यात्री । अनुहारमा थकानको चिह्न भए पनि उनीहरूका आँखा कुनै गहिरो भावनामा डुबेका छन् । केही यात्री आफूसँगको युद्धलाई बिर्सिंदै आकाशको खुला विस्तारलाई हेरी सुस्ताइरहेका छन् ।

घोडाहरू टाउको झुकाएर दाना चपाउँदै छन्- मानौँ, हर एकेक ग्रासमा उनीहरू आफूलाई अर्को यात्राका लागि तयार पार्दै छन् । तिनका आँखामा पनि एउटा अद्भुत शान्ति देख्छु म । तिनीहरूलाई पनि थाहा छ कि यात्रा कहिले पनि समाप्त हुँदैन, फगत पात्र परिवर्तन भइरहन्छन् ।

रविशालाई यहाँ भेटिन्छ कि भन्ठानेथैँ तर उनको अत्तोपत्तो थिएन । बैङ्कटेश्वर र राजेन्द्र प्रसादलाई डोऱ्याइरहेका छन् सरोजले । यति बेला ओरालो तुर्दै छन् उनीहरू ।

तिब्बती भूगोल स्थानीय वातावरणसँग सजिलै सामञ्जस्य स्थापित गर्दै अघि बढिरहेकी छन् रविशा । पातलो शरीर भएकाले होला, उनी हिँड्नमा

सजिलो अनुभव गर्दै निरन्तर अगाडि बढिरहेकी छन्। जबकि म र हाम्रो समूहका सरोजबाहेक अन्य सहयात्रीहरू थकानको लहरसँग जुध्दै हरेक पाइला अघि सार्न कष्टकर अनुभव गर्दै छौँ।

साब्जेढाडोपको शान्त वातावरणले विश्राम गर्न आमन्त्रण गरिरहेको छ, तर मेरो उद्देश्य स्पष्ट छ- सकेसम्म चाँडो जुथुलफुक पुगेर यो लामो र थकानपूर्ण यात्रालाई विश्राममा बदल्ने।

लक्ष्यलाई प्राथमिकता दिँदै अविराम पाइला सार्छु म। मैदानी भागमा आइपुगेकाले पनि हराइने डर छैन, के भो र! फेरि एक कदम अगाडि बढाउनु भनेको एक पाइला छिटो विश्रामको नजिक पुग्नु हो।

यति बेला मेरो साथसाथै बगिरहेको छ- लाङ छु खोला। यसको शान्त बहावले मेरो मनलाई पनि शान्त र स्थिर बनाइरहेको छ। लाङ छुलाई पछ्याउँदै हिँडिरहे त राक्षस तालको रहस्यमय संसारमा पुगिन्छ। धार्चेन छु र ल्हा छु पनि यही तालमा मिसिन्छन्। अरू मानसरोवरको पानी पनि गङ्गा छु बनेर राक्षस तालमै खस्न पुग्छ। अचम्मको कुरा के हो भने- यति धेरै पानीको स्रोत भए पनि राक्षस ताल कहिल्यै भरिँदैन। के राक्षस तालको पानीलाई निल्ने कुनै गहिरो रहस्य लुकेको छ? प्रश्न उब्जन्छ मेरो मनमा।

यही सन्दर्भले मलाई नेपालको कर्णाली नदी सम्झाउँछ। नेपालमा थुप्रै नदीहरू छन्, जहाँ पूजापाठ, मेला र चाडपर्वहरू मनाइन्छन्। तर कर्णाली नदीसँग कुनै पनि धार्मिक उत्सव जोडिएको देखिन्न। केहीको भनाइ छ- कर्णालीका जलस्रोतहरूमध्ये राक्षस ताल पनि एक हुन सक्छ। राक्षस तालको पानी बाहिर निस्कने स्पष्ट नाली नभए पनि भित्रभित्रै रसाएर बग्ने सम्भावना रहेको अनुमान गरिन्छ।

धार्मिक मान्यताअनुसार राक्षसताललाई अपवित्र मानिन्छ। त्यही 'अपवित्र' भनिएको तालको पानी भित्रभित्रै रसाएर कर्णाली नदीमा पुग्ने भएकाले कर्णालीलाई पनि धार्मिक रूपमा शुद्ध नठानी पूजा तथा मेला नगर्ने परम्परा रहेको त होइन? फेरि अर्को सवाल उठ्छ।

के हाम्रो धारणा र आस्थाले नै कर्णालीजस्तो नेपालको सबैभन्दा लामो र जीवनदायिनी नदीलाई मौन बनाइरहेको हो ? त्यस मौनताभित्र कुनै गहिरो कथा लुकेको हुनुपर्छ। यस्तो कथा त लेखिनुपर्छ, सुनिनुपर्छ र बुझिनुपर्छ भन्ने लाग्छ मलाई।

मेरा अघि र पछि केही तिब्बती युवकयुवतीहरू छन्। उनीहरूको गहिरो आवाज, फरक लयमा बग्ने संवाद र कहिलेकाहीँ अचानक फुट्ने हाँसोको फोहरा मलाई अनौठो पद्यरचनाजस्तै लागिरहेछ। उनीहरूको भाषा नबुझे पनि ध्वनिहरूको उतारचढावले मलाई कुनै लयबद्ध सङ्गीत सुनेझैँ अनुभूत भइरहेछ। बोल्ने क्रममा उनीहरूका अनुहारमा देखिने चञ्चल भाव कहिले गम्भीर त कहिले हल्का मुस्कान मिसिएको हाउभाउले कुनै कथा बुनिरहेको जस्तो लाग्छ। मलाई बिछट्टै रमाइलो लागिरहेको छ, उनीहरूका आवाज र संवादको छालसँग बग्न पाउँदा।

गेरु वस्त्रधारी एक तिब्बती तीव्र गतिमा अगाडि बढ्छन्। निरन्तर 'ॐ मणि पद्मे हूँ' जपिरहेछन् उनका ओठले। प्रत्येक उच्चारणसँगै निस्कने उनको स्वर हावासँग मिसिएर वातावरणमा पवित्रता फैलाइरहेको छ। दृढ छन् उनका पाइला मानौँ, यात्रासँगै उनले आस्थाको मार्ग तय गरिरहेका छन्।

अघिल्लो दिन दिराफुक गुम्बा एक्लै गएको थिएँ। तर मैले एक्लो महसुस गरिनँ। बरु आफूले आफैँलाई भेट्ने दुर्लभ अवसरजस्तो लागेथ्यो। गुम्बाको शान्त वातावरण र प्रार्थनाका स्वरहरूले भरिएको हावा र कैलाशलगायत उच्च पहाडहरूको मौन उपस्थितिले मलाई आफ्नै अस्तित्वसँग गहिरो गरी जोडिदियो। त्यहाँ कुनै पनि आवाज थिएन, थियो त केवल आफ्नै श्वासको लय, मनको तरङ्ग र आत्मासँगको संवादमात्र। एक्लोपन कहिलेकाहीँ आफूलाई खोज्ने अवसर हुँदो रहेछ।

पाइला चाल्दै गर्दा मन भने अघिल्लो दिनको दिराफुक गुम्बामा अड्किन्छ। कैलाशको सेरोफेरोमा योबाहेक सेर्लुङ, ज्ञान्द्रुक, जुथुलफुक र न्यान रि गुम्बा मौजुद छन्।

पेम्पाले हिजो मलाई दिराफुकको अर्थ बताएका थिए-

'दि' भनेको चौंरी,

'रा' भनेको भेडा/बाखा,

र 'फुक' भनेको उपत्यका।

दिराफुकलाई 'म्याजिक भ्याली' भनेको पनि सुनेथैं ।

तर पेम्पाको अर्थअनुसार याक, च्याङ्ग्रा र भैंडाको चरण क्षेत्र भन्ने अर्थ दिन्छ। पत्याउँछु म। यहाँका ठाउँहरूको अर्थ बुझ्ने ज्ञान उनलाई जति त मलाई कहाँ हुन्छ र!

हिजो 'डे हाइक' बाट फर्किएपछि कोठामा आराम गर्ने सोच थियो, तर पारिपट्टिको गेरु रङको भव्य संरचनाले मलाई हठात् तान्यो।

होटलबाट झन्डै बीस मिनेटको दूरी पार गर्दै त्यहाँसम्म पुगें। मौन, गूढ रहस्य र आभामय देखिन्थ्यो गाढा रातो रङमा पोतिएको दिराफुक गुम्बा। गुम्बाको ढोका छुनासाथ लाग्यो- यो ढुङ्गामाटोको संरचनामात्र नभई आस्थाले गुथिएको सम्पदा हो।

भित्ताहरूमा पुराना थाङ्का चित्रहरू झुन्ड्याइएका थिए। शान्त मुद्रामा प्रार्थनामा लीन थिए भिक्षुहरू। उनीहरूको आवाज हिमालका कर्णप्रिय सङ्गीत बनेर सञ्चार भइरहेथ्यो। त्यो बेलाको मेरो एक्लोपन मौनताभित्र लुकेको आत्मखोज जस्तै लागेथ्यो।

झ्यालबाट बाहिर हेर्दा कालो बादलले कैलाशलाई ढाक्न खोज्दै थियो, यद्यपि त्यो दृश्य झनै दिव्य देखिन्थ्यो। लाग्थ्यो, दिराफुक साधारण भूमि होइन, हिमालको काखमा अडिएको एक निश्छल तपोभूमि हो।

जुथुलफुकतर्फको बाटोमा कतैकतै देखिन्छन् ससाना बस्ती।

रूखो भूगोलको क्यानभासमा टाँसिएका सेता, खैरा र माटो रङका ससाना घरहरू कुनै चित्रकारको कुचीबाट कोरिएका चित्रजस्ता लाग्छन्।

पहाडका थुमहरूका बीच तिब्बती हावापानीसँग तालमेल मिलाएर टुपुक्क अडिएका परम्परागत घरहरू थकानले सुस्ताई बसेका यात्रुजस्ता देखिन्छन्।

बस्तीहरूको वरपर चरिरहेका छन्- याक, भेडा र च्याङ्ग्रा। हावाको तालमा हल्लिएका याकका बाक्ला रौँ, च्याङ्ग्रा, भेडाका लरक्क परेका सिङ र तिनको अस्तित्वले बस्तीलाई झनै मौलिक बनाएको छ। चौँरीहरू बादल छुन थुमतर्फ उकालिँदै गरेका देखिन्छन्। तिनीहरू गतिशीलता र प्रकृतिसितको घुलमिलले यो ठाउँ रमाइलो बनेको देखिन्छ।

यहाँको समय शताब्दिऔँ पहिलेको गतिमा अघि बढेजस्तो लाग्छ। न त गाडीहरूको आवाज छ, न त सहरको भागदौड। जाडोमा हिउँको रङले चिटिक्क पार्ने यी बस्ती समयको एउटा अलग छेउमा अड्किएर बसेझैं लाग्छ- शान्त, स्थिर र आफ्नै लयमा। यहाँ देखिएका तमाम दृश्य, तिब्बती जीवनशैली, आध्यात्मिक विश्वास र कठोर भौगोलिक परिवेशसँगको सतत सङ्घर्षका मौन दस्तावेज हुन्।

कठोर बन्दै छ, यति बेलाको घाम। कतै रूख भए पो छहारीमा बस्नु! हावा नचल्दा घामका रश्मिहरूले मेरो शरीरमा जमेको बोसो पग्लँदै छ। अत्याचारी शासकजस्तो भएर ममा हावी भइरहेको छ चर्को घाम।

१६ किलोमिटर हिँडिएछ। अझै ६ किलोमिटर हिँड्नु छ, जुथुलफुक पुग्न।

फराकिलो उपत्यकाका आँखाले क्षितिज खोज्छ, तर बाटो अनन्तसम्म फैलिएको देखिन्छ। बाटो कहिले खोलाको नजिक पुग्छ त कहिले किञ्चित पर।

पैताला र भुइँबीच अदृश्य सङ्घर्ष चल्दै छ। निरन्तरको हिँडाइमा शरीरले आफ्ना सीमा महसुस गर्न थाल्छ। कुनै उकालो छैन, कुनै कठोर आरोहण पनि होइन तर समतल भूमिको निरन्तरता आफैँमा एउटा कठोर परीक्षासरि हुँदो रहेछ। थोरङ ला, काङ ला, लार्के ला र लौरीविना लाजस्ता भन्ज्याङहरू पार गर्दा नथाकेको ज्यान यहाँको एकनास हिँडाइले

थकाउन खोज्दै छ । म बुझ्छु- उचाइ र समतल भूगोल भौगोलिक भिन्नतामात्र नभई र शारीरिक पीडा पनि रहेछ ।

मेरा मौन साक्षी भएका छन्, चारैतिर उभिएका थुमहरू ।

लाम्चु उपत्यकाको निस्तब्धताभित्र केवल हावा चलिरहेको छ । न कुनै मान्छेको आवाज, न कुनै चराको चिरबिर । बस, शान्त प्रकृतिको आफ्नै लय ।

लगातारको पैदलयात्रापछि जब अगाडि एउटा बस्ती देखापर्छ, तब मनभित्र उत्साहको तरङ्ग उठ्छ । बस्ती नजिकिँदै गर्दा थकाइका थोप्लाहरू एकाएक हराएझैं लाग्छ, मानौं शरीरभन्दा पहिले मन नै गन्तव्यमा पुगिसकेको छ । जुथुलफुक हो भन्ने निश्चित भएपछि त यात्राका कठिनाइ एकाएक गुमनाम हुन्छन् ।

'जुथुलफुक' अर्थात् 'मिराकल भ्याली" ।

एउटा भवनको बाहिरपट्टि रविशा बसिरहेकी थिइन् । उनलाई भेट्छु म । यही रहेछ हामी बस्ने होटल ।

"भर्खरमात्र आइपुगें" भन्दै हल्का मुस्कुराउँछिन् रविशा ।

अलिकति थकान र सन्तुष्टि मिश्रित भाव झल्किरहेको देख्छु म उनको मुहारमा ।

म उनलाई सोध्छु, "कोराको सबैभन्दा विशेष क्षण कुन थियो ?"

उनी केही क्षण मौन हुन्छिन्, श्वासको लय फेर्छिन् र भित्रैबाट आउने एउटा मीठो अनुभूतिलाई सुसज्जित गर्दै हल्का मुस्कानसहित भन्छिन्-

"जब म डोल्मा ला ५,६३० मिटर पुगें, उचाइ चुम्दाको अनुभूतिसहितको त्यो क्षण र प्रार्थना झन्डाहरूको फरफराहट ।"

यात्रा पूरा गरेर गन्तव्यमा आइपुग्दा यसै पनि मन सन्तुष्ट हुन्छ । थकाइले शरीर अलिक सुस्ताए पनि अनुभव बाँड्दा पुनः जीवन्त बनिदिन्छ । यही सन्तोषको अनुभूति लिएर म एकछिन आँखा बन्द गर्छु ।

जुथुलफुकमा हावा निरन्तर चलिरहेको छ, थकित यात्रुका कथाहरू बोकेर ।

केही बेरपछि गाइड सरोज र अरू दुई जना पनि आइपुग्छन् । उनीहरूको मुहारमा पनि थकान झल्केको देख्छु, तर जुथुलफुक (४,८०० मिटर) आइपुग्दा थकानभन्दा बढी गन्तव्य छिचोलेकोमा सन्तोष मान्छन् । सबैको अनुभूति एउटै ।

उचाइका कारण हुने असहजतालाई एकछिनको लागि अलग गर्‍यौं भने, तिब्बतको डोल्मा ला भन्ज्याङ नेपालका कतिपय पदमार्ग र भन्ज्याङसँग तुलना गर्दा अपेक्षाकृत सहज अनुभव हुन्छ। यहाँ न त ढुङ्गा खस्ने त्रास हुन्छ, न त डोरीको सहायताविना पार गर्न नसकिने खतरनाक भीर नै छन् ।

नेपालका ग्यान्ज ला, तासी लाप्चा, मेसोकान्तो ला वा आम्फु लाप्चाजस्ता भन्ज्याङ पार गर्न प्रायः डोरीको प्रयोग अनिवार्य हुन्छ। यस्तै भन्ज्याङको उचाइबाट १,७०० मिटरभन्दा बढी ओर्लनुपर्ने हुन्छ । तर डोल्मा ला पास गर्दा हामीले २२ किमिको दूरीमा मात्र ८३० मिटरको ओरालो पार गर्‍यौं ।

अर्को विशेष पक्ष के हो भने, नेपालका चक्रीय पदमार्गहरूमा प्रायः थुप्रै हिमालहरूको परिक्रमा गर्नुपर्छ तर यहाँ हामीले कैलाश पर्वतको मात्र परिक्रमा गर्‍यौं भन्दा फरक पर्दैन । कैलाशसँगै रहेको ५,८६० मिटर अग्लो नन्दी पर्वतलाई सामान्य चुलीसरह मात्र लिइए तापनि यसको धार्मिक प्रतीकात्मकता गहिरो छ । नन्दी अर्थात् भगवान् शिवका प्रिय वाहनको प्रतीक। यसबाहेकका अन्य डाँडाहरूको उचाइ त झनै कम छन्। कैलाश केन्द्रित यस यात्राले यो मार्गलाई आध्यात्मिक रूपमा झनै विशिष्ट र अर्थपूर्ण बनाएको छ भन्ठान्छु म ।

सरोजले होटलमा कोठाको व्यवस्था मिलाउँछन् । पारम्परिक शैली झल्कने खालको भवनको भित्री वातावरण न्यानो तर बाहिरको कठोर चिसो

हावाले झ्यालका खापाहरूलाई धक्का दिइरहेछ ।

गेस्टहाउस दिराफुकको जस्तै, यहाँ पनि शौचालय नाईं । खुला आकाशमुनि जानुपर्छ शौच गर्न । यसअघि मानसरोवर र दिराफुकमा पनि भोगिसकेको थिएँ । अनौठो त लागेन तर यसले फेरि एकपटक प्रकृतिको कठोर नियमको सम्झना गराउँछ मलाई । यहाँ जबसम्म यस्ता चुनौतीलाई आत्मसात् गरिँदैन, यात्रा अधुरो रहन्छ ।

कोठामा आराम गर्दैगर्दा सरोज भन्छन्- "अलि पर एउटा गुफा छ । गुफाको माथिल्लो भागमा बडेमानको ढुङ्गा छ । त्यसमा मानव पन्जाको छाप देख्न सकिन्छ । त्यो मिलारेपाको भन्ने जनविश्वास छ । मिलारेपाले ढुङ्गा उचालेर गुफा बनाउँदा उनको पन्जाको छाप बसेको रे । त्यसैले यो गुफालाई 'मिलारेपा गुफा' भनेर चिनिन्छ ।"

मिलारेपा कैलाशको टुप्पोमा पुगेको रोचक कथा उनी सुनाउँछन्-

"कैलाश क्षेत्र बोनहरूको थलो थियो । पहिलो पटक मिलारेपा यस क्षेत्रमा आउँदा देउताहरूले स्वागत गरेका थिए रे । आफ्नो क्षेत्रमा बौद्ध धर्मका अनुयायी महायोगी मिलारेपाको उपस्थितिलाई यहाँका बोन धर्मका सिद्धगुरु नारो बोनचुङले सहज रूपमा स्वीकार गरेनन् । किनकि बोन गुरु कैलाश पर्वतलाई आफ्नै धर्मको तान्त्रिक शक्ति केन्द्र बनाउन खोज्थे । मिलारेपाको धारणामा यो पर्वत एउटा धर्मको मात्र नभई सारा मानवतको साझा तीर्थस्थल हो भन्ने थियो । बोनगुरुले मिलारेपालाई त्यहाँबाट हट्न दबाब दिए तर मिलारेपाले अस्वीकार गरे । त्यसपछि उनीहरूबीच आध्यात्मिक शक्तिको टकराव सुरु भयो । बोन गुरुले मिलारेपालाई चुनौती दिँदै भने- 'भोलि बिहान जो पहिले कैलाशको टुप्पोमा पुग्छ, ऊमात्र यहाँ रहनेछ ।' मिलारेपाले यो प्रतिस्पर्धा स्वीकार गरे । भोलिपल्ट बिहानै बोन गुरु मन्त्रयन्त्रका साथ ढ्याङ्ग्रो बजाउँदै पर्वत चढ्न लागे । उनी निकै माथिसम्म पुगिसकेका थिए भने मिलारेपा तलै ध्यान गरिरहेका थिए रे । उनका रिचुङ्पा र गाम्पेपा लगायका अनुयायीहरू अब यो क्षेत्र छोड्नुपर्ने भयो भनेर चिन्तित भइसकेका थिए । तर महायोगी मिलारेपा आफ्नो

तान्त्रिक योगबलले सूर्यको पहिलो किरणसँगै उडेर बोन गुरुभन्दा पहिले नै कैलाशको टुप्पोमा पुगे। आफूभन्दा अघि नै मिलारेपालाई टुप्पोमा पुगेको देखेपछि बोन गुरु चकित भए। उनले हार स्वीकार गरे र तत्पश्चात् कैलाशको पूर्वपट्टि अवस्थित बोन रि (हिमाल) क्षेत्रमा बसोबास गर्न थाले।"

सरोजका अनुसार कैलाशको दक्षिण मोहोडामा देखिने ठाडो धर्सोलाई बौद्ध धर्मावलम्बी उनै बोन गुरु ढ्याङ्ग्रोसहित 'ड्याङ', 'ड्याङ' गर्दै लड्दाको चिह्नका रूपमा विश्वास गर्छन्। किनकि मिलारेपालाई एक्कासि कैलाशको टुप्पोमा पुगेको देखेपछि उनी आत्तिएका थिए भनिन्छ। नारो बोनचुङको दृष्टिकोण चमत्कार र गतिमा केन्द्रित थियो भने मिलारेपाको दृष्टिकोण आत्मशुद्धि, साधना र शान्तिमा आधारित।

ढ्याङ्ग्रोलाई बोन धर्ममा आध्यात्मिक बाजा मानिन्छ। आध्यात्मिक शक्तिहरूसँग सम्पर्क गर्न, रोग निवारण गर्न र दुष्ट आत्माहरूबाट बच्न ढ्याङ्ग्रो बजाउँछन् उनीहरू। नेपालको रसुवाका तामाङहरू पनि विभिन्न पवित्र कार्यमा ढ्याङ्ग्रो नै बजाउँछन्।

समय, किंवदन्ती र वास्तविकता एकैसाथ बगेझैं सरोज बोलिरहँदाको वातावरण कुनै पुरानो गाथाजस्तै लाग्छ मलाई।

म कोठाको झ्याल खोलेर सरोजले देखाएको दिशातिर हेर्छु। अगाडि ठूल्ठूला ढुङ्गाहरू समयको कुनै अदृश्य दस्तावेजझैं मौन भएर उभिएका छन्। ती ढुङ्गाका निस्पृह मौनताभित्र कुनै रहस्य लुकेको छ, जसले मलाई एक क्षणका लागि द्विविधामा पार्छ। यो कथा सत्य हो कि केवल किंवदन्ती ? सोध्छु आफैंलाई।

एकाएक हयग्रीवको प्रतिविम्ब मानसपटलमा स्पष्ट झल्किन्छ। रहस्यले भरिएको त्यो स्वरूप मानसपटलमा स्पष्ट हुँदै जान्छ र म फेरि डोल्मा ला देखिको यात्रामा फर्किन थाल्छु। थकाइ, विश्वास, ती कठोर भूगोल र तमाम अनुभूतिहरूको सिलसिला एकपछि अर्को गर्दै मनभित्र पुन: जीवित हुन थाल्छन्।

अन्तिम पदचाप

मनको शिखर चुम्न सफल भएपछि संसारका कुनै पनि पहाड चुनौती बन्दैनन् ।

आज अन्तिम चरणको प्रदक्षिणा ।

कोराको विन्दुपथले हामीलाई पुनः धार्चेन पुऱ्याउँदै छ। अर्थात् जहाँबाट यात्राको प्रारम्भ भएको थियो, फर्केर त्यहीं पुग्दै छौं, भोगाइ र अनुभूतिले भरिपूर्ण भएर ।

धार्चेनदेखि धार्चेनसम्मको कुल परिक्रमा दूरी ५२ किमि मध्ये ३४ किमि पार गरिसकेका छौं । अब थाङसार (छोड्दु) सम्मको हिँडाइ ८ किमि मात्र बाँकी छ ।

एउटा चक्रको समाप्ति हुन लाग्दा मनभित्र उर्लिरहेछ आनन्द । धार्चेन पुग्दा यात्राका कष्ट, थकान र चुनौतीका सबै पाना पल्टिनेछन् । किन्तु समापनको अध्याय भने बाँकी नै रहनेछ ।

बिहानको ४:४५ बज्दासम्म अन्धकार गाढा छ । आकाशमा असङ्ख्य तारा टिल्पिलाइरहेका छन् । लाग्छ, कैलाश पर्वत क्षेत्रका देवताहरू मौन रूपमा हाम्रो यात्राको अन्तिम पाइलासम्म साथ दिने वचन दिइरहेका छन् ।

अगाडिको धुले सडकलाई हेडटर्चको मधुरो उज्यालोले टालटुल पार्दै छ । गोडाले धुलो उडाइरहेका छन् । उकालो चढ्दा फोक्सो तातिन्छ, ओरालो झर्दा घुँडामा सन्निपात भएझैं अनुभूति हुन्छ । फेरि सिरेटोले अनुहार छुँदा तन्द्रा भङ्ग गर्छ । ज्यान पनि सिरिङ्ङ पार्छ ।

पाइला सार्दै गर्दा हिजोको डोल्मा लाको कठिन उकालोको स्मृति ताजा हुन्छ । मेरा गोडाको भारीपन, लुङ्दर जडित पहाड, उकालो र श्वास फेर्न मुस्किल बनाउने उचाइ अहिले पनि मानसपटलमा छर्लङ्गै छन् । त्यस बेला हरेक पाइला सगरमाथाको उचाइ बराबर लागेथ्यो ।

आजको यात्रा केही सहज लागे पनि हिजोको त्यो सङ्घर्षको सम्झनाले हरेक पाइला अझै गम्भीर बनाइरहेको छ । डोल्मा लाको त्यो उकालो मेरो भित्र कतै खोपिएको छ, जहाँ हरेक पटक म आफ्नो सीमा परीक्षण गर्दै नयाँ शक्तिका साथ अघि बढिरहेको छु ।

फोक्सोसम्म पुगेर घोच्ने हिमाली चिसोको अस्तित्व कहिलेकाहीँ मेरो यात्राको साथीजस्तो लाग्छ, कहिलेकाहीँ चुनौती दिने प्रतिद्वन्द्वी । मेरो हरेक निश्वास हावासँग सङ्घर्ष गर्दै छ तर त्यही सङ्घर्षले मलाई जीवित भएको अनुभूति पनि गराइरहेको छ । यो कठोर भूगोलका बीचमा प्रकृति आफ्नै नियमले चल्छ । म त कहिले थकित र कहिले उत्साहित एउटा यात्रीमात्र हुँ । हावाले पछाडि तानिरहेको छ कि अघि बढ्न ऊर्जा दिइरहेको छ, त्यो यात्रीले बुझ्न सक्नुपर्दो रहेछ ।

धर्तीमा झुकझुके उज्यालो खस्न थालेको भान हुँदै छ । धर्ती र आकाशबीचको सिमानामा नयाँ आशाको बिउ टुसाउन थाल्छ शनैः शनै ।

आज पनि विपरीत दिशाबाट आइरहेका बोन अनुयायी भेटिन्छन् ।

अध्यारोमा पनि छ्याकछ्येल ! अचम्मित हुन्छु म ।

उसो त धार्मिक अभ्यास भन्ने कुरा आआफ्ना आस्था, संस्कार र संस्कृति अनुसार फरक फरक नै हुन्छन् । हाम्रो नजरमा उनीहरूले गरिरहेको परिक्रमा उल्टो लाग्छ भने उनीहरूका नजरमा पनि हामी । आखिर जताबाट घुमे पनि कैलाश नै घुमेका छन् । जीवन र यात्रासँगको गहिरो सम्बन्धलाई उजागर गर्दै शान्त र दृढतापूर्वक आफ्नो मार्गमा निरन्तर अघि बढिरहेका छन् उनीहरू । कैलाशको चक्रबाट बाहिर निस्कने कुनै मार्ग छैन, केवल उसैको वरिपरि घुम्दै जाने प्रक्रिया जो छ ।

वास्तवमा अस्तिको दिनदेखि नै मेरो अन्तरमनमा एउटा अनौठो कुतूहलको अङ्कुर पलाइरहेको थियो ।

"किन बोन धर्मावलम्बीहरू घडीको उल्टो दिशामा परिक्रमा गर्छ ?" सरोजलाई प्रश्न गर्छु म ।

उनी भन्छन्- "कथा लामो छ ।"

"भन्नुस् न, के हो !" भन्छु ।

अघिल्लो दिन उनैले जुथुलफुकमा सुनाएको मिलारेपा र नारो बोनचुङबीचको आध्यात्मिक प्रतिस्पर्धाको कथा सम्झाउँदै भन्न थाल्छन्-

"मिलारेपा र नारो बोनचुङबीचको आध्यात्मिक टकरावमा चमत्कारी उडान, तालमा हिँड्ने जस्ता प्रतिस्पर्धा थिए भनिन्छ । मैले हिजो सुनाएको मिलारेपा कैलाशमा पुगेको कथा चमत्कारी उडानसँग सम्बन्धित थियो । त्यसबाहेक उनीहरूबीच कैलाश पर्वतको परिक्रमा गर्ने दौड पनि भएको थियो रे। बोन धर्म तिब्बतको आदिम परम्परा हो। यसको केन्द्रमा प्रकृति पूजा, तान्त्रिक अभ्यास र चन्द्र-प्रेरित अनुष्ठानहरू छन् । चन्द्रमा पूर्वदेखि पश्चिमतिर आकाशमा यात्रा गर्छ, जुन हाम्रो दृष्टिमा घडीको उल्टो दिशा हो । यही चन्द्रगतिको प्रवाहलाई प्राकृतिक शक्तिको बहाव मानी बोन धर्मावलम्वीहरूले कुनै पनि पवित्र स्थलको परिक्रमा घडीको सुइको विपरित दिशाबाट गर्ने परम्परा बसालेका रे ।"

उनी अगाडि भन्छन्-

"प्रतिस्पर्धामा नारो बोनचुङले आफ्नै परम्पराअनुसार कैलाशको परिक्रमा सुरु गरे । उनी तान्त्रिक साधन र मन्त्रबलको प्रयोग गर्दै तेज गतिमा अघि बढे । मिलारेपा भने एउटा ढुङ्गामाथि ध्यानमा मग्न भए । जब नारो बोनचुङ परिक्रमाको अन्तिम बिन्दु नजिक पुगे, मिलारेपाले ध्यान भङ्ग गरे र क्षणभरमै आफ्नो आध्यात्मिक शक्तिको प्रयोग गरी नारो बोनचुङभन्दा अगाडि नै पुगे । मिलारेपाले भने घडीको सुईको दिशाबाट परिक्रमा गरेका थिए रे। त्यसपछि बौद्धमार्गीहरूले घडीको सुईको दिशाबाट

परिक्रमा गर्ने परम्परा बसाले। उनीहरूको यो परम्परा त्यही आध्यात्मिक टकरावको पृष्ठभूमिमा टेकेर विकसित भएको हो । सूर्यको दिशालाई अनुसरण गर्दै देवताको सम्मानमा दक्षिणावर्त दिशामा गरिने परिक्रमा हिन्दू परम्पराअनुसार निकै पुरानो हो ।"

अन्यमा उनी थप्छन्- "कथा त पुरानो भयो, तर परम्परा आजपर्यन्त बाँचिरहेछ ।"

हत्तेरी, यस्तो कुरा त अस्तिकै दिन भनेको भए हुन्थ्यो नि ! मनमनै भन्छु म ।

समयसँगै बोन धर्म र बौद्ध धर्मबीच मिश्रण हुँदै गएको पाइन्छ; विशेषत: तिब्बती बौद्ध धर्मको निङ्मा सम्प्रदायसँग । यद्यपि आज पनि बोन धर्मका अनुयायीहरू आफ्ना मौलिक परम्परा र धार्मिक विधिहरूलाई संरक्षण गर्दै आएका छन् ।

म क्षणभर सोचमग्न हुन्छु ।

भगवान् एउटै, नाम फरक । श्रद्धा एउटै तर हाम्रो पुकार्ने शैली फरक। भक्ति एउटै तर हामीले चुनेको बाटो आआफ्नै ।

यो मार्गमा सयौं तीर्थयात्री यात्रारत छन् । उनीहरू पनि हामीजस्तै दक्षिणावर्त दिशातिर घुमेका भए सायद यो बेला यही मोडमा भेट नहुन पनि सक्थ्यो किनकि उनीहरू कि हामीभन्दा अघि हुन्थे कि पछि। हामी फरक दिशाबाट आएको भएरै भेट भएका छौं, जसरी दुई नदी कहिलेकाहीं अनपेक्षित घाटमा अँगालो मार्छन् ।

कडा भूगोल र मभित्र उर्लिरहेको भावनाको तरलताबीचको सङ्घर्षलाई पराजित गर्दै हामी अन्ततः थाङ्सार (जोङ्दु) पुग्छौं ।

तिब्बतमा बिहानको ७ बजेको छ यति बेला ।

सुदूर क्षितिजबाट चिसो सुनौलो घाम बिस्तारै माथि उठिरहेको देखिन्छ। अँध्यारोको आवरण चिर्दै प्रकाश ब्रह्माण्डको केन्द्र मानिएको कैलाशमा

प्रवेश गर्छ र पृथ्वीलाई आफ्नो न्यानोपनले स्पर्श गर्न थाल्छ। पहाडहरूलाई घेरिरहेका तुवाँलाका पर्दा एकाएक खुल्न थाल्छन् । घामका कोमल किरणहरूले प्राकृतिक दृश्यलाई एक अनमोल जीवनदायिनी ऊर्जा र चञ्चलता प्रदान गर्छन् ।

थाङ्सार नजिकका अडिग पर्वत, धार्चेन र त्योभन्दा परसम्मका विस्तृत उपत्यका र त्यहाँका हरित समृद्धि देख्दा मलाई बिछट्टै रमाइलो अनुभूति हुन्छ ।

चिया पिउन थाङ्सारको सानो रेस्टुराँमा छिर्छौं। भोटे चियाको मीठो बास्नाले मनमा एउटा अज्ञात सान्त्वना भर्छ । ठीक यही बेला बाहिर गाडीको आवाज सुनिन्छ। पेम्पा हाँस्दै गाडी लिएर आइपुग्छन्। उनको आँखामा उत्साहको चमक र अनुहारभरि खुसीको मुस्कान पोतिएको छ। खै किन हो म बुझ्दिनँ। यद्यपि यो मेरो भने लागि एउटा विशेष क्षण हो।

मलाई थाहा छ, अबको यात्रा अरू रोमाञ्चक बन्नेछ र यसले अर्को नयाँ आयाम कायम गर्नेछ । यात्रा भनेको गन्तव्य चुम्नु मात्र होइन, आत्मबोधको एउटा इतिवृत्त पनि हो । संसारकै सर्वोच्च आध्यात्मिक परिक्रमा समाप्त हुन लाग्दा, आफ्ना सबै अनुभूतिहरूलाई पेम्पासमक्ष शब्दमा पोख्न कठिन हुन्छ मलाई ।

यति मात्र भन्छु- “यो मेरो लागि अविश्वसनीय थियो !”

थाङ्सारबाट धार्चेनसम्मको बाँकी ३ किलोमिटरको यात्रा अब जिपमा। प्रदक्षिणाको अन्तिम पदचिह्न थाङ्सारमा छोडेर हामी गाडी चढ्छौं। मेरा थकित पयरले अन्ततः विश्राम पाउँछन् । मेरो सिङ्गै शरीरले आराम पाएको छ। म यस मानेमा खुसी छु, किनकि मेरो यात्रा अर्को शिखरमा पुग्दै छ।

यो क्षण मलाई मन्दिरमा बजिरहेको घण्टको अन्तिम ध्वनिपछिको मौनताजस्तै लागिरहेछ- शान्त तर गहिरो । जसरी त्यो मौनताभित्र आराधना, समर्पण र आत्मतृप्तिको अदृश्य स्पन्दन लुकेको हुन्छ, त्यस्तै अनुभूति दिलाउँछ यो पलले । परिक्रमाको पूर्णताले मेरो मनभित्र दुई

विपरीत भावनाका तरङ्ग ल्याउँछ । एउटा सन्तोष त अर्को एकखाले शून्यता । यस्तो अनुभूति तबमात्र महसुस हुँदो रहेछ जब ठूलै यात्राको अध्याय टुङ्गिँदै जान्छ ।

गाडी धार्चेनतर्फ हुँइँकिइरहेछ ।

राजेन्द्रप्रसाद, बैङ्कटेश्वर र रविशा भने गफमा डोल्मा ला पुगेका छन् । रविशासँग हिजो गरेको संवादले डोल्मा लालाई सपनामा देखिएको कुनै दिव्य थलो बनाएथ्यो किन्तु मेरो मन चाहिँ कुनै खुला आकाशमा पखेटा फैलाउँदै उडिरहेको पन्छीजस्तो ।

“यात्रा लगभग समाप्त भइसकेको छ। अब त फर्कने बाटोमात्र बाँकी। तपाईंहरूलाई कस्तो अनुभव भइरहेको छ ?” एउटै प्रश्न राजेन्द्रप्रसाद र बैङ्कटेश्वरलाई सोध्छु म ।

“शरीर फर्कंदै छ तर मनले त्यहीँ डेरा जमाएजस्तो छ। यात्रा अविस्मरणीय रह्यो। मिठासपूर्ण सम्झनाहरू लिएर फर्किंदै छु,” राजेन्द्रप्रसादको जवाफ।

तत्कालै बोल्छन् बैङ्कटेश्वर- “अन्त्य नजिकिँदै गर्दा यात्राका प्रत्येक क्षण झल्झली सम्झिँदै छु, विशेष गरी डोल्मा ला।”

आत्मिक सन्तोष छ, उनीहरूको जवाफमा। जसरी यात्रा अन्ततः एउटा विन्दुमा आएर सार्थक हुन्छ, त्यो विन्दु थियो- डोल्मा ला । रविशाका आँखामा पनि डोल्मा लाको क्षण झल्किरहेको आभास हुन्छ, जसरी गुलाबको फूलमा प्रभातीय शीत थरथराइरहेसरि ।

धार्चेन पुगेपछि म नास्ताको प्रतीक्षामा बसेका बाँकी सहभागीहरूतर्फ नजर दौडाउँछु। उनीहरूका अनुहारमा ताजगी छ, उत्साह छ र सन्तोषको उज्यालो छ। लेक लागेर थलिएकी राधिकासमेत अब ताजा देखिएकी छन्।

कठोर भूगोलको परीक्षाबाट गुज्रिएर यहाँ आइपुग्दा उनीहरूमा यात्राको कुनै बोझ देखिन्न। कम उचाइमा झर्दा शरीरले सहज अनुभूति गर्छ, यो नै उचाइको खेलको एउटा रोचक पक्ष हो।

डोल्मा लाको यात्रामा सामेल हुन नसके पनि उनीहरू खुलेर हाँसिरहेका छन्। उनीहरूका शब्दमा विजयको उन्माद घोलिएझैँ लाग्छ। कोही आँखा चिम्लेरै मौन छन्। सम्भवत: उनीहरू आफ्ना भोगाइलाई अन्तरमनमा आत्मसात् गर्दै होलान् भन्ठान्छु म। लाग्छ- उनीहरू यो पवित्र भूमिमा टेक्न पाउँदाको भावनालाई शब्दभन्दा परको अनुभूति बनाएर हृदयमा सजाइरहेका छन्। दिराफुक पुग्नु नै उनीहरूका लागि एउटा अद्‌भुत उपलब्धि थियो।

धुलैधुलोले ढाकिएका जुत्ता, चिसो बतासले दर्फ्याएका गाला र थकानका बाबजुद पनि उनीहरूका आँखामा झल्किएको सन्तुष्टिको उज्यालोले विजयको कहानी सुनाइरहेका छन्। उनीहरूलाई देख्दा खुसी लाग्छ मलाई।

उच्च पहाड, नदी, हिमनदी र उकालीओराली अब उनीहरूका लागि सङ्घर्षका कथामात्र रहेनन्। ती सब जीवनभर सञ्चित रहने अनुभूति बनेका छन्। म ठान्छु- तिनका अन्तरहृदयमा साहसको कथा कोरिएको हुनुपर्छ। काठमाडौँसम्मको बाँकी यात्रा उनीहरूको शारीरिक सहनशीलता, आध्यात्मिक धैर्य र आत्मबलको परीक्षा उत्तीर्ण गरिसकेको दसी हुनेछ।

हाम्रा कतिपय रहनसहन र संस्कृति मिल्दाजुल्दा छन्। उनीहरूको बोलीमा आत्मीयता छ, व्यवहार त्यत्तिकै सरल। समयसँगै हामी नजिकिँदै गइरहेका छौँ। विशेष गरी, श्यामलाल, वैङ्टेश्वर, राजेन्द्रप्रसाद र रविशासँग म निकै निकट भइसकेको छु। उनीहरूको कुरा गर्ने शैली, सहयोगी भावना र खुसी साट्ने तरिकाले मलाई आफ्नै परिवारका बीचमा भएको अनुभूति दिलाउँछ। हास्यरस र कुराकानीले हामीलाई एकअर्कासँग झनै बाँध्दै लगेको महसुस हुन्छ। कतिपय क्षण यस्ता हुन्छन्, जहाँ केही नबोलीकनै भावना बोलेजस्तो लाग्छ र सम्बन्ध प्रगाढ बनेको महसुस हुन्छ।

तर यात्रा सकिने मिति नजिकिँदै गर्दा मनमा बिस्तारै एक किसिमको विछोडको अनुभूति हुँदै जान्छ। समय पनि कति छिट्टै बितेको जस्तो लागिरहेछ। लाग्छ, अझै दुई हप्ता सँगै बिताउन पाइन्थ्यो भने हाम्रो

मित्रता अझ गाढा बन्थ्यो होला! उनीहरूसँग बिताइरहेको हरेक पल अमूल्य लागिरहेछ जुन सम्झनाका पानामा सधैँका लागि कोरिनेछन्।

नास्तापछि हाम्रो बस मानसरोवरतर्फको सडकमा प्रवेश गर्छ। गाडीको गह्रौँ ध्वनिभित्र एक किसिमको शून्यता मिसिएको महसुस हुन्छ। गति र मौनताको संयोजनमात्र छ बसभित्र।

फराकिलो किनार, स्थिर तर गहिरो। चित्रजस्तै लाग्छ, छरपस्ट भएर बगिरहेको ब्रह्मपुत्र नदीको दृश्य। ब्रह्मपुत्रको रङजस्तो नीलो अनुभूति उम्लिन्छ मभित्र, शब्दविहीन तर स्पष्ट। मेरो मनको संवेदना ब्रह्मपुत्रकै विस्तारित आकृतिजस्तै फैलिन्छ।

गाडी तेज गतिमा अघि बढिरहेछ।

झ्यालबाट छिरेको छिप्पिँदो घाम मेरो अनुहारमा पर्छ र त्यसले यात्राको सुस्केरासँगै मनमा हल्का न्यानोपनको अनुभूति गराउँछ। झ्यालबाट बाहिर हेर्दा टाढासम्म फैलिएको भूगोल र सेता बादलहरूले सजिएको आकाश देख्छु। पठारको अनन्ततासँगै मन पनि खुला र असीमित रूपमा विस्तार हुन्छ।

हरेक मोडमा केही न केही सम्झना जोडिँदै जान्छन्। पहिले पार नगरेको खण्ड पार गर्दै हामी फेरि होर्चु पुग्छौँ, जहाँ शान्त, गहिरो र अनुपम मानसरोवर अन्तिमपटक नजरसामु आउँछ।

त्यसपछि बसले जी-२१९ सडक समात्छ।

फराकिलो राजमार्गले हामीलाई क्रमशः सभ्यताबाट टाढा र प्रकृतिको विशाल काखतर्फ डोऱ्याइरहेको महसुस गराउँछ। सडकका दुवैतर्फ शताब्दियौँदेखि यात्रुहरूलाई मौन साक्षी बनेर हेरिरहने अग्ला पहाडहरू उभिएका छन्। ती पहाडको मौन उपस्थितिले यात्रालाई गहिरो अर्थ दिन्छ। हरेक मोडसँग भावनाका धागा गाँसिँदै जान्छन्। केही दिनअघिसम्म अनभिज्ञ लाग्ने यी बाटाहरूले आज सम्झनाका थुप्रै तह बुनिरहेका छन्।

दिन ढल्दा हामी सागा पुगिन्छ।

केरुङतर्फको यात्रा अगाडि बढाउने तयारी गर्दै थकान मिसिएको तर सन्तुष्ट मुस्कानसहित म जोय होटलको आरामदायी ओछ्यानमा पल्टन पुग्छु।

२७ जुलाई।

केरुङमा बिताउँछौँ कैलाश यात्राको अन्तिम रात।

*होली हिमालय*का प्रतिनिधि र तिब्बती गाइड पेम्पाले स्थानीय रेस्टुराँमा डिनरको व्यवस्था गर्छन्।

कलात्मक रूपमा पस्कन्छन्, परम्परागत तिब्बती परिकार। सुपको ऊष्मा र नुनिलोपन। खानामा तिब्बती जडीबुटीको प्रयोग।

आहा !

यहाँको संस्कृति र आतिथ्यको गहिराइ अनुभूत हुन्छ मलाई। भोजनको प्रत्येक स्वादले तिब्बतीहरूको जीवनकथा, संवेदना र दृष्टिकोणको सङ्केत बोकेको अनुभूत हुन्छ। म बुझ्छु- भूगोल र भाषा पृथक् भए पनि भोक, स्नेह र आत्मीयता मानव जातिका साझा भोगाइ हुन्। केरुङको आतिथ्यले रङ भरेको यो साँझ सम्पूर्ण यात्राको एउटा न्यानो सम्झनाजस्तै मनमा गढेर बस्छ।

अर्को दिन अर्थात् २८ जलाई।

नेपाल फर्किन्छौँ, मनमा थुप्रै दृश्य, भावना र सम्झनाहरूको झोली बोकेर।

गाडी आफ्नो सीमातर्फ अघि बढ्दै जाँदा मनमा मिश्रित अनुभूति छ- कैलाश यात्रा सम्पन्न भएको सन्तोष, तिब्बत छोड्नुपरेको बिझाइ र मातृभूमिमा फर्किने उत्सुकता।

आज पनि उस्तै देख्छु भोटेकोशीको उन्माद। किनारमा ठोक्किँदै आफ्नै तालमा गर्जिरहेकै छ। झरनाहरू उस्तै कञ्चन, मानौँ तिनले यात्राको धुलो पखालेर हामीलाई ताजा बनाउन खोजिरहेका छन्। हिमाली वायुले मुखाकृति छोइदिँदा एकप्रकारको स्फूर्तिदायी अनुभूति दिलाउँछ।

राजमार्गमा हाम्रो बस हठात् रोकिन्छ। अगाडिका गाडीहरूको लामले केही अनिश्चितताको सङ्केत दिन्छ। तल भोटेकोशी नदी आफ्ना किनारा विस्तार गर्दै गर्जिरहेको छ।

कतै बडेमानका ढुङ्गा बसेको कतै पहिरो खसेको त कतै माटो र हिलोको थुप्रोले बाटोलाई अवरुद्ध बनाएको। यो भौतिक अवरोध यात्राको अन्तर्यात्रासँग पनि सम्बन्धित एक क्षण बन्छ, जहाँ हामी चलिरहेको गतिबाट एकछिन थामिन बाध्य हुन्छौँ।

तर यस्तो परिस्थितिमा पनि चिनियाँ सुरक्षाकर्मीहरू संयमित र सतर्क देखिन्छन्। उनीहरू एक एक गरेर गाडीहरूलाई नियन्त्रित, अनुशासित ढङ्गले अगाडि बढाइरहेका छन्। न हतार, न अप्ठ्यारो, न त त्रास नै। प्रकृतिसँगको यो द्वन्द्वमा उनीहरूले देखाएको धैर्य, स्पष्टता र संयम अनुकरणीय लाग्छ।

अन्ततः चिनियाँ अध्यागमन पार गरेपछि बिदाइको हात हल्लाउँदै हामीलाई अगाडि बढ्न इसारा गर्छन् पेम्पा। उनका आँखामा शुभकामना र यात्रा सफलताको सन्देश प्रतीत हुन्छ। उनले गरेको बिदाइ तिब्बतको विस्तृत भूमि र कैलाशको पवित्रता सँगसँगै हाम्रो अनुभवको अन्तिम सम्झनाका रूपमा रहिरहनेछ। उनको मन्द हाँसो र शालीनतामा एक प्रकारको समर्पण र मित्रता छ, जुन म कहिल्यै बिर्सन सक्ने छैन।

नेपाली भूभागमा पाइला टेक्नेबित्तिकै बाटोको अवस्था देख्दा आफ्नै भूमिले स्वागत गरेको अनुभूति गराउँदैन मलाई। चीनतर्फको सफा, फराकिलो र व्यवस्थित राजमार्ग सम्झँदै ममा निरन्तर प्रश्नहरू उब्जन्छन्।

के नेपालले पनि एकदिन यस्तै स्तरको पूर्वाधार निर्माण गर्न सक्ला वा यस्तै अनुत्तरित प्रश्नहरूसँगै यात्रा गर्न सधैँ बाध्य हुनुपर्ने हो ?

जिप चढेर काठमाडौँ फर्किँदै गर्दा मेरो मन भने घरीघरी कैलाशको दिव्यता, मानसरोवरको शान्ति र प्रदक्षिणाका पवित्र क्षणहरूमा हराइरहन्छ।

साँझपख जब गुर्जे भन्ज्याङ आइपुग्छु तब एकाएक वर्तमानमा फर्किन बाध्य हुन्छु। उही भीडभाड, दौडधूप र सहरका परिचित दृश्यहरू आँखा अगाडि छरिन्छन्। केही दिनको विश्रामपश्चात् फेरि नयाँ आरोहअवरोहका लागि तयार हुनु त छँदै छ, किनभने यात्रा कहिल्यै समाप्त हुँदैन, यो त निरन्तरताको अर्को नाम हो।

❖

www.ingramcontent.com/pod-product-compliance
Lightning Source LLC
La Vergne TN
LVHW100301051026
849517LV00006B/2168
* 9 7 8 9 9 3 7 9 8 4 2 5 6 *